I testi e le fotografie sono proprietà di Stefano Benedetti. Tutti i diritti riservati. All rights reserved. © 2020. Divieto di commercializzare i contenuti senza l'autorizzazione manoscritta dell'autore.

Indice

Quadro di unione delle mappe	pagina	4
Mappa1	pagina	5
Mappa 2	pagina	6
Percorso iniziale	pagina	7
Come arrivare a Casal Bernocchi	pagina	8
La storia di Casal Bernocchi	pagina	9
I ritrovamenti archeologici	pagina	10
I murales di animali	pagina	12
Le case di Casal Bernocchi	pagina	33
Altri libri sulla Street Art	pagina	42

Quadro di unione delle mappe

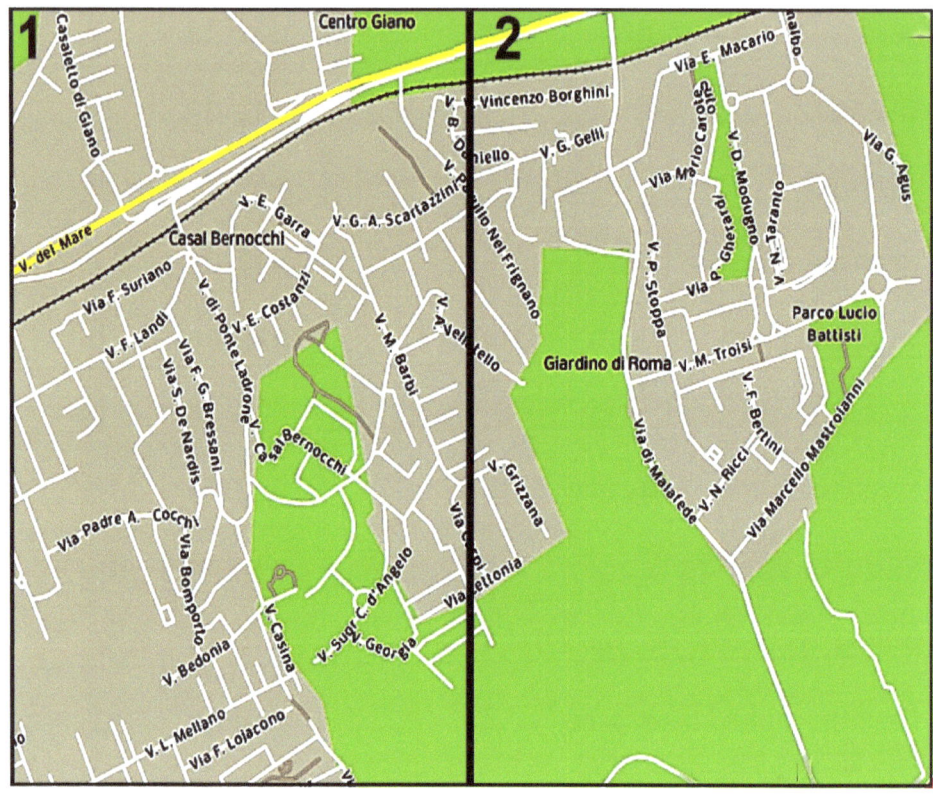

Mappa1

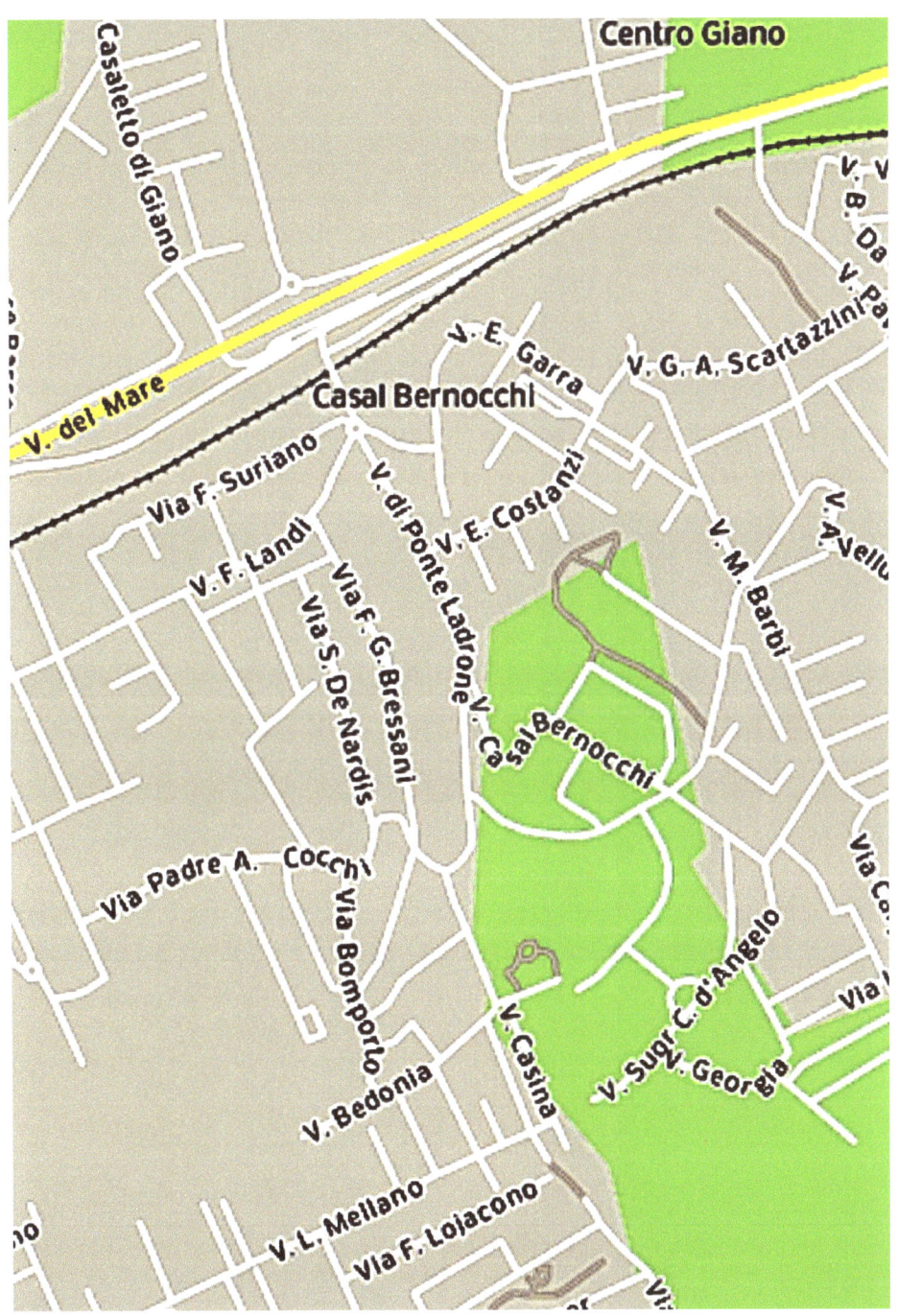

Mappa 2

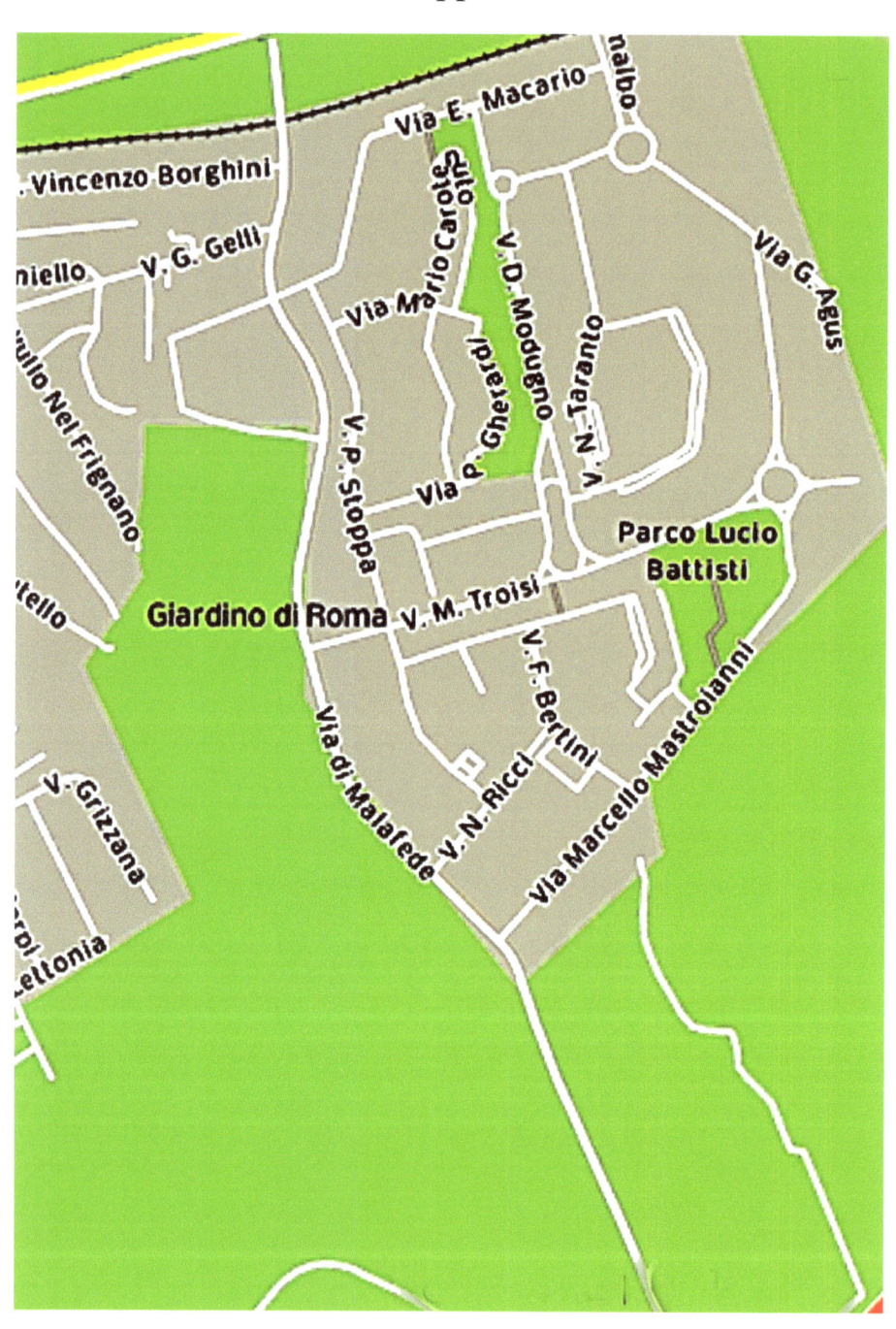

Percorso iniziale

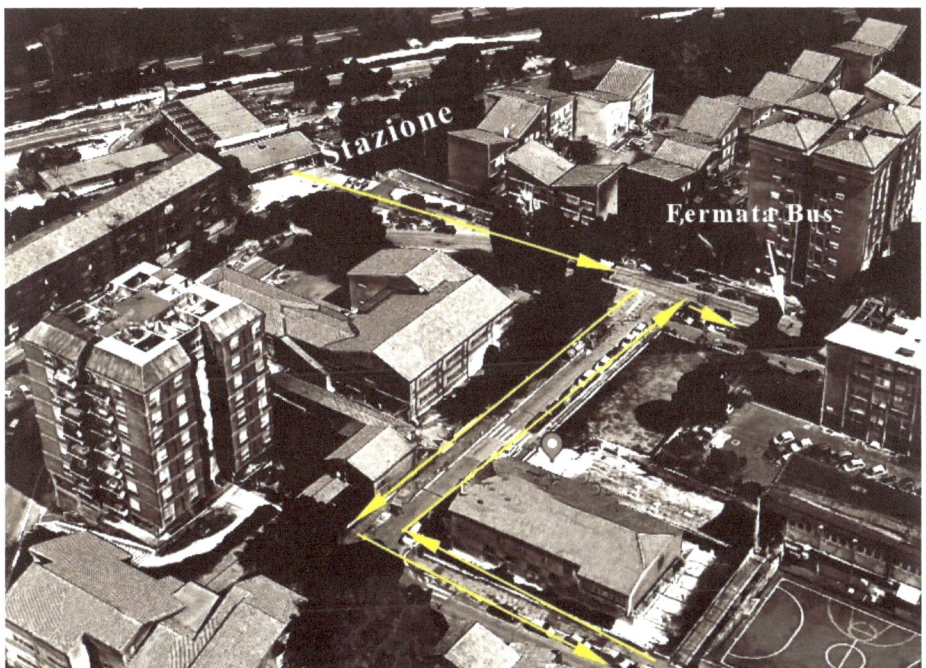

Con le linee gialle è indicato il percorso base che dalla stazione consente di vedere la maggior parte dei murales. Poi si può proseguire a piedi o con il bus che però nei giorni festivi non è molto frequente

Come arrivare a Casal Bernocchi

Il mezzo più veloce per arrivare a Casal Bernocchi è senz'altro il treno che collega Roma al litorale. Il capolinea è a Porta San Paolo. Per arrivare a Porta San Paolo, dalle differenti zone di Roma, ci sono varie linee di trasporto pubblico.

Bus

30 - 75 – 77 - 590

Metro

Linea B

Treni

FC2 - FL1 - FL3 - FL5 - RV

Se siete nei pressi di una delle fermate del treno Roma – Ostia, potete salire, in direzione Cristoforo Colombo a una delle seguenti fermate:

Eur Magliana – Tor di Valle – Vitinia. In senso inverso potete salire in direzione Porta San Paolo a una delle seguenti fermate:

Cristoforo Colombo – Lido di Ostia Nord – Lido di Ostia Centro – Ostia Antica – Acilia.

La storia di Casal Bernocchi

Casal Bernocchi è un'area urbana di Roma, situata a sud della via Ostiense, tra Acilia (a ovest) e Vitinia (a est).

Nell'antichità, nella zona c'erano le capanne degli abitanti preistorici. Successivamente, sorsero ville romane. I reperti archeologici indicano insediamenti delle popolazioni prelatine della cultura appenninica e delle popolazioni latine del territorio di Albano, che poi furono sottomesse da Roma finendo nella fondazione di Ostia.

Il nome attuale deriva da quello della famiglia della contessa Bernocchi che erano proprietari di un casale e di un appezzamento agricolo che poi furono ceduti all'ex Ina Casa con l'intenzione di costruire case per lavoratori. Il nome iniziale fu Villaggio Ina Casa. Nel 1961 fu realizzato il complesso edilizio chiamato Villaggio Ina Casa Cittadinanza.

L'assegnazione degli appartamenti avvenne con concorso a punteggio, e furono dati a varie categorie di lavoratori e d'impiegati dello Stato e ai senza tetto.

Nella zona alta fu costruita un'area residenziale composta da un centinaio di villette.

Il quartiere non è mai stato solo un dormitorio, anche se difficoltà ancora ci sono per un'ampia aggregazione sociale, le strutture e le organizzazioni (centro sociale, centro anziani, attività sportive…) sembrano non essere sufficienti.

I ritrovamenti archeologici

I primi reperti risalgono alla fine del secolo scorso. Successivamente e soprattutto recentemente con gli scavi si è voluto salvare un patrimonio dall'avanzare dell'edilizia cementizia...

Sono stati rinvenuti oggetti tipo punte di freccia, utensili… che sono stati datati risalenti al Paleolitico Medio e Superiore cioè da 10.000 a 100.000 anni fa.

Sono state trovate anche strutture di grandi ville risalenti alla fine dell'età repubblicana fino a quella imperiale.

Ovviamente, le ville appartenevano all'aristocrazia, che utilizzavano i terreni circostanti per la produzione agricola. Su alcune tubazioni idriche in piombo c'è il nome di Lucio Fabio Cilone che era un senatore intimo amico dell'imperatore Settimio Severo. Altre strutture sono state trovate sulla sommità della collina, lungo la via Ostiense e lungo la via Cristoforo Colombo. In quest'ultimo sito si distinguono gli ambienti del frantoio e degli orci e quelli termali e di residenza.

Nel 1983, fu scavato un tratto, lungo 60 metri, della via Ostiense in corrispondenza del diciassettesimo chilometro dell'attuale strada. Fu trovato un basolato della pavimentazione per una carreggiata larga circa 5 metri. Inoltre a Ponte Ladrone, è stata rinvenuta una delle undici arcate che sostenevano un viadotto. Invece, presso il fosso di Malafede, è stato trovato il cippo di pietra che segnava l'undicesimo miglio della strada per Ostia.

In una lettera di Plinio il Giovane si capisce che in questa zona si biforcava una strada verso il sud di Ostia, in direzione delle ville di Castel Fusano e Castel Porziano. Probabilmente, il primo tratto passava sul pendio di Malafede, sviluppandosi in una rete di strade minori e viottoli che conducevano alle ville dell'aristocrazia. Sono state rinvenute anche le strutture di due acquedotti paralleli al fosso. Probabilmente il tutto collegato all'acquedotto che riforniva Ostia, costruito al tempo di Caligola.

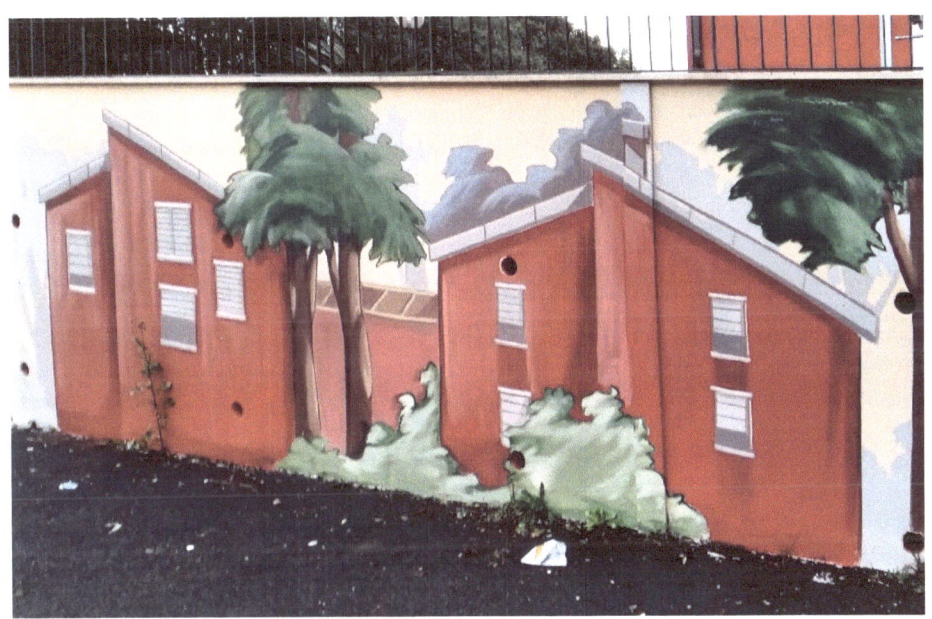

I murales di animali

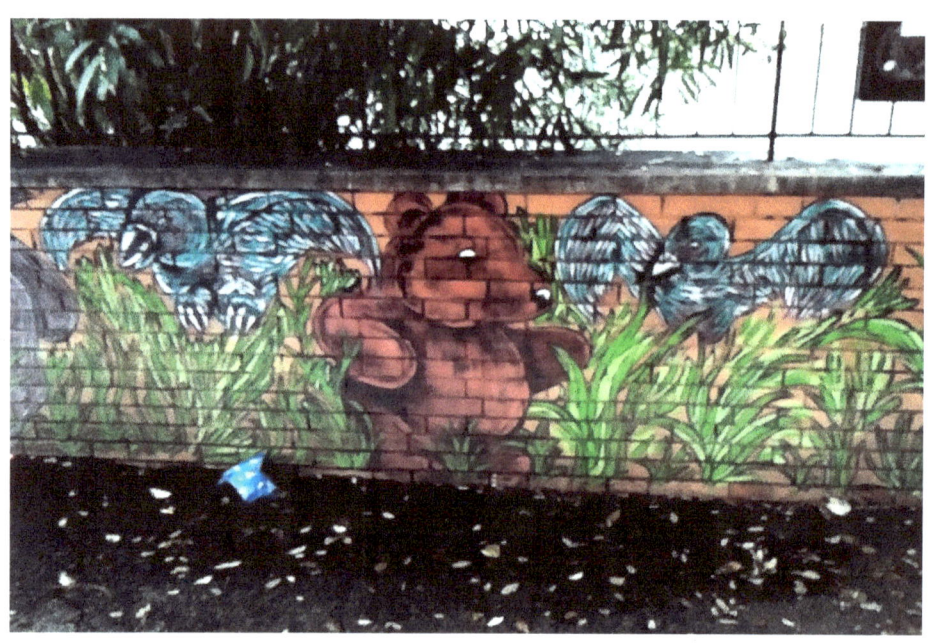

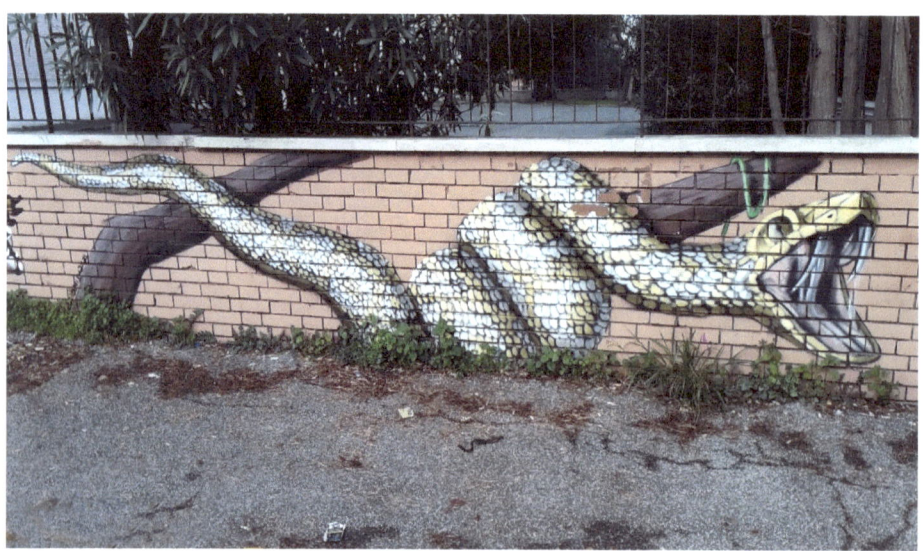

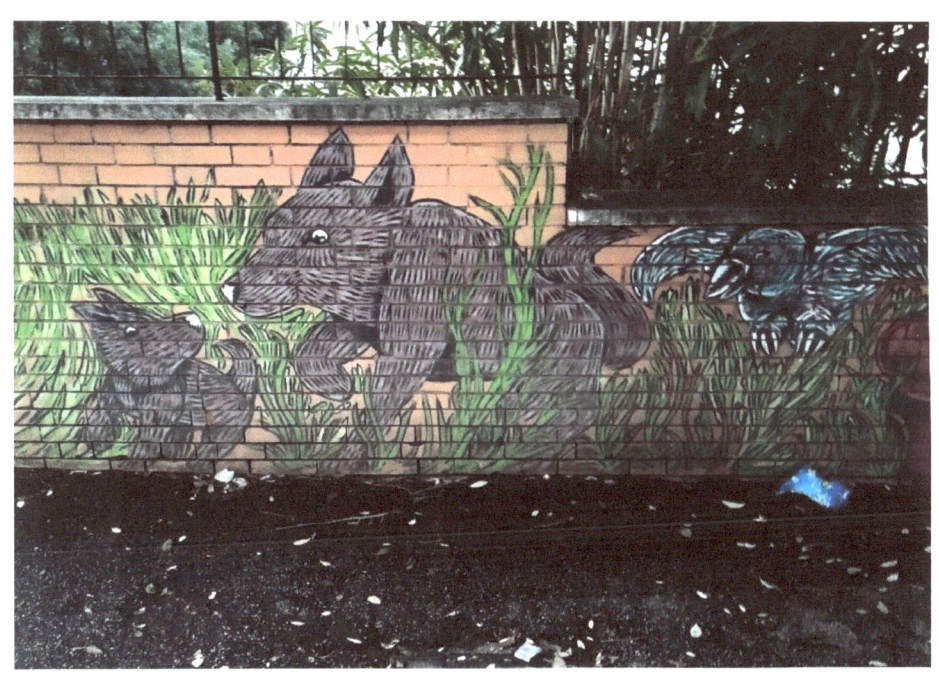

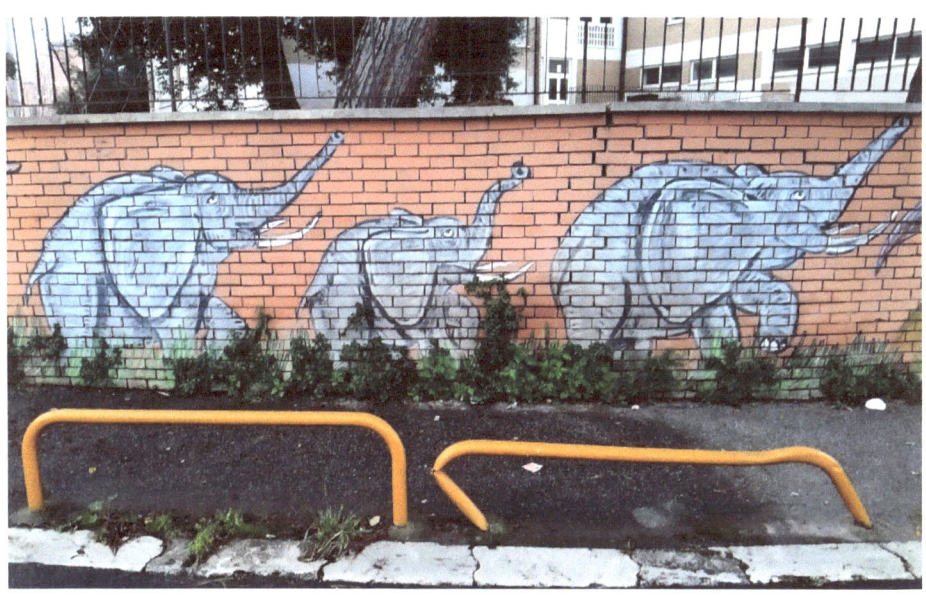

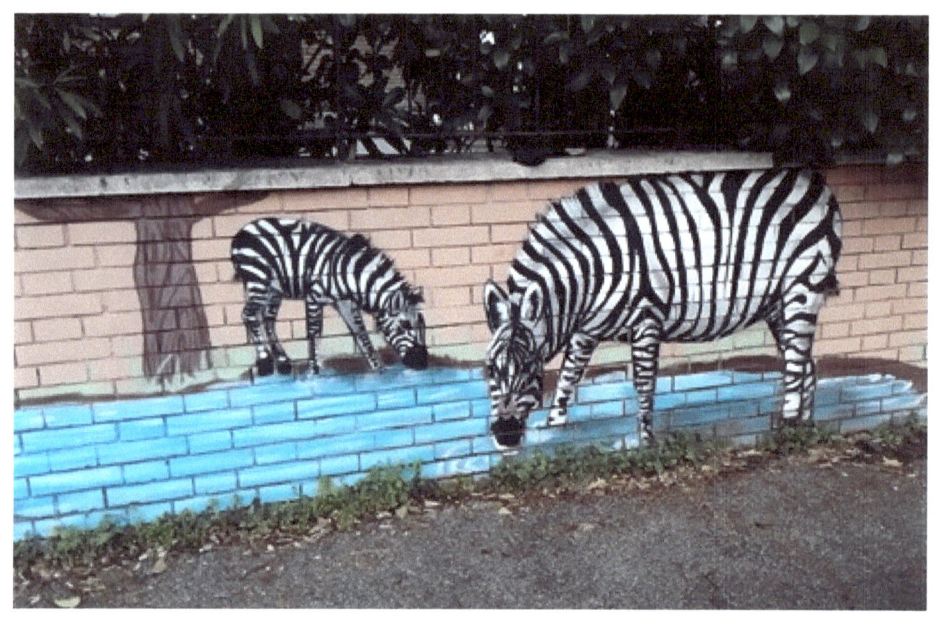

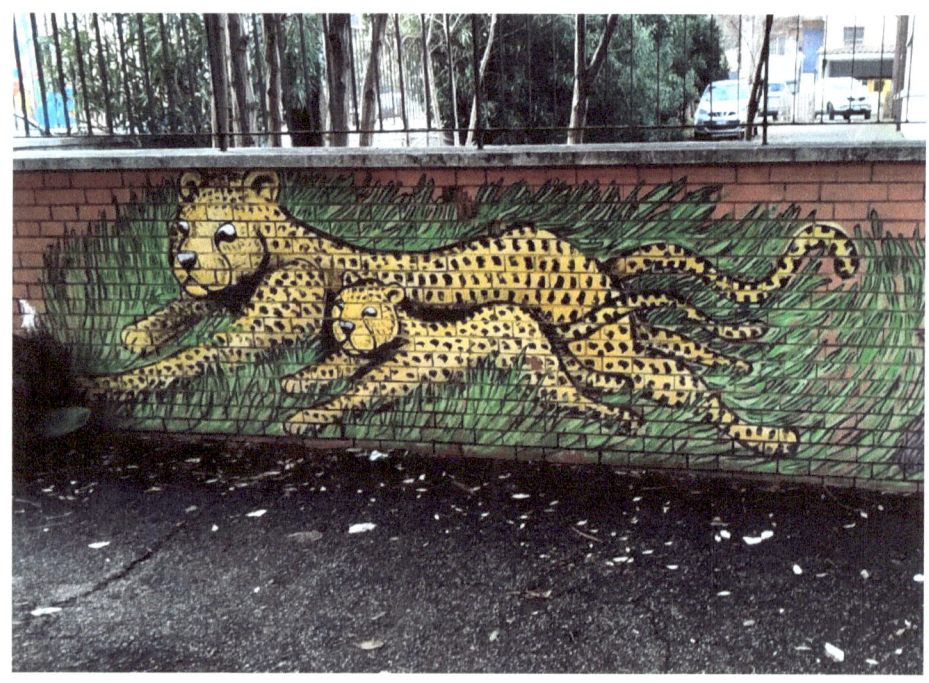

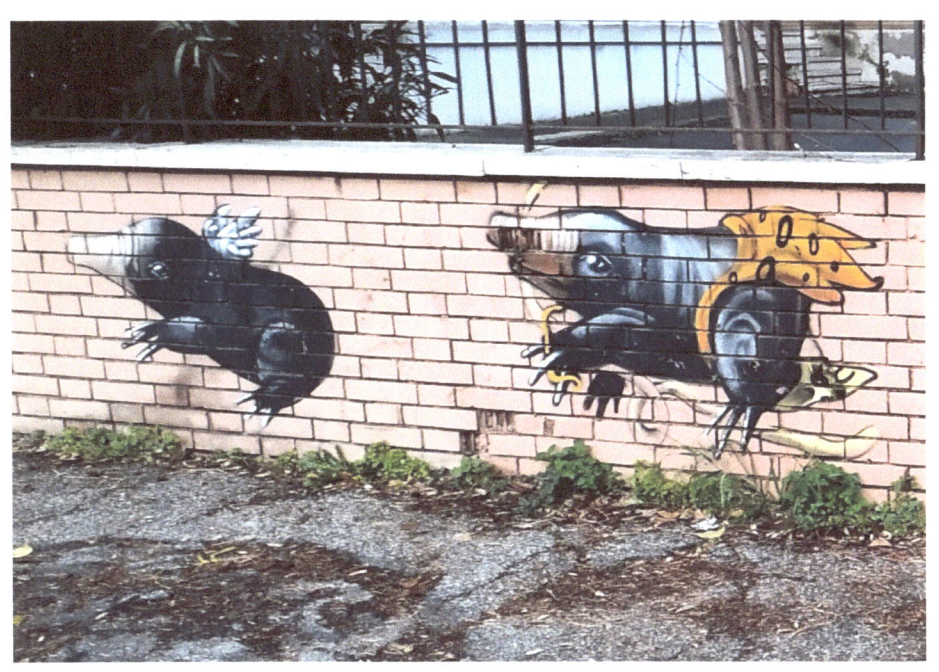

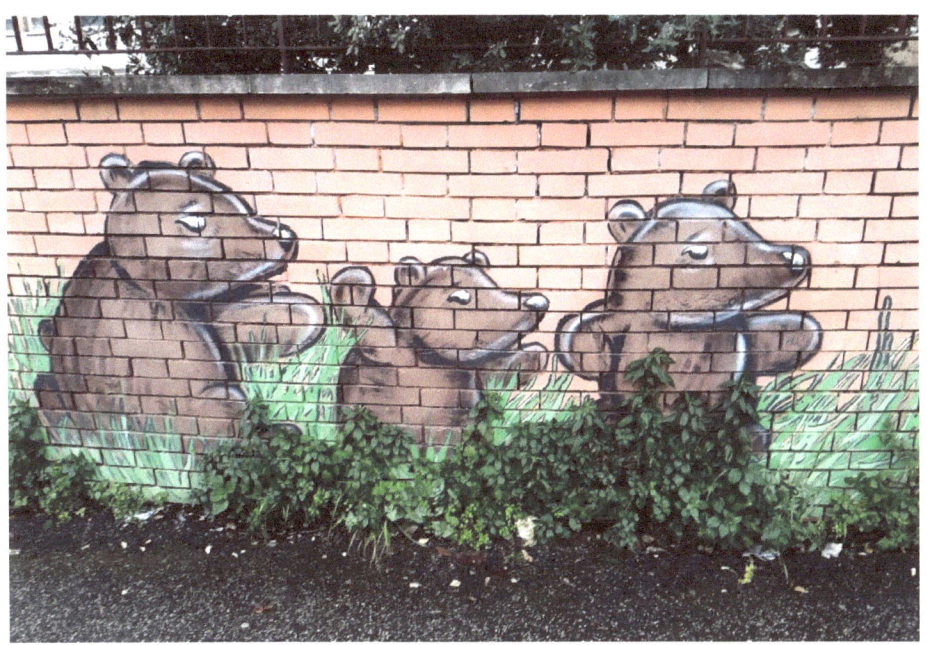

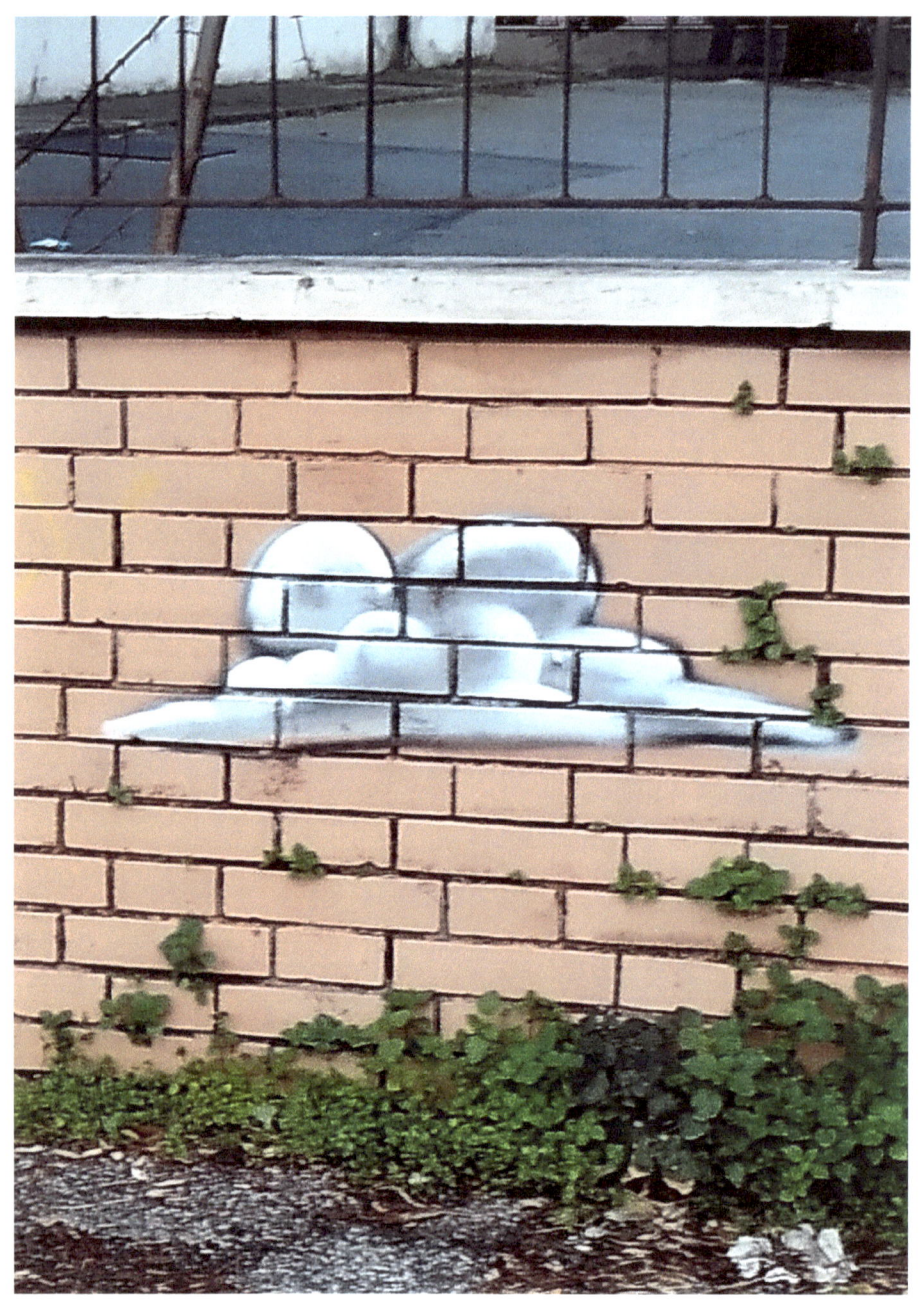

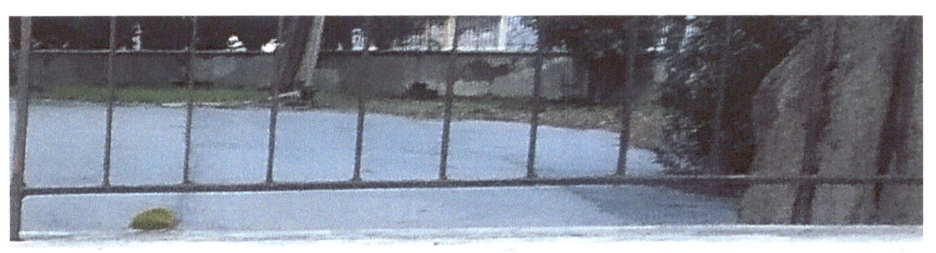

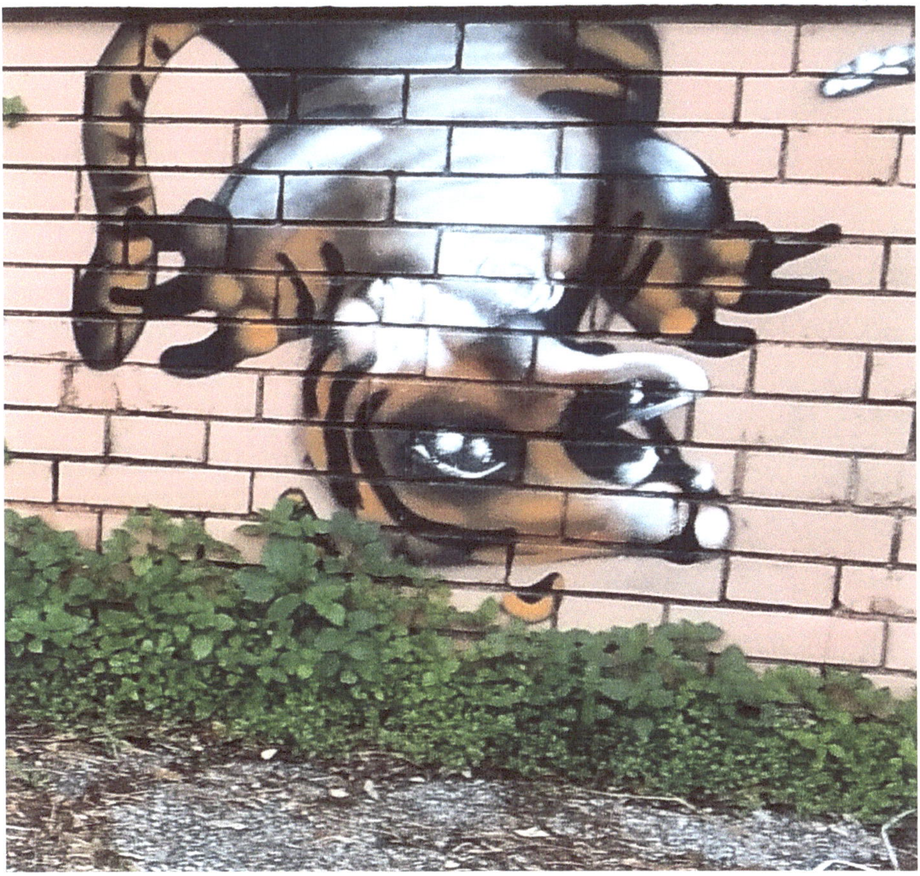

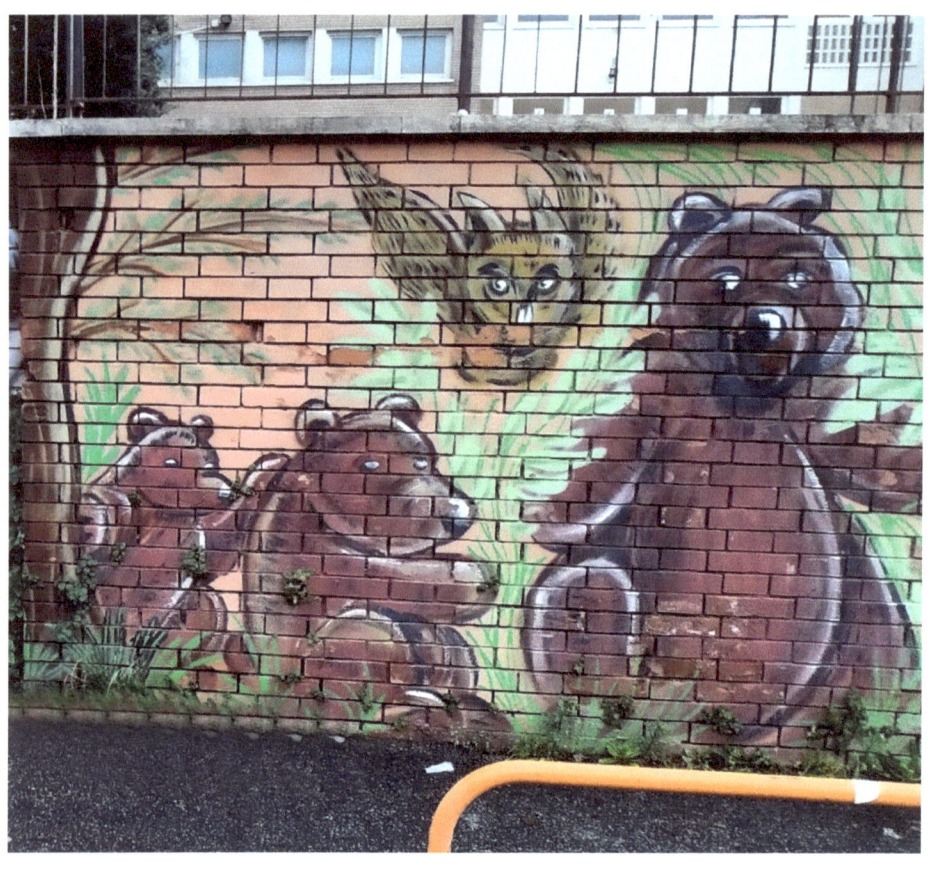

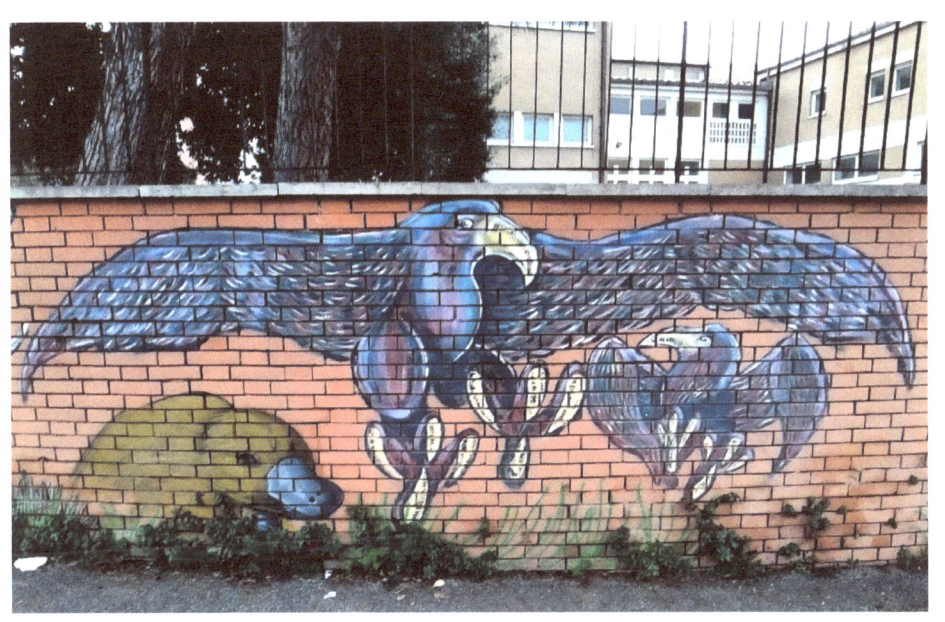

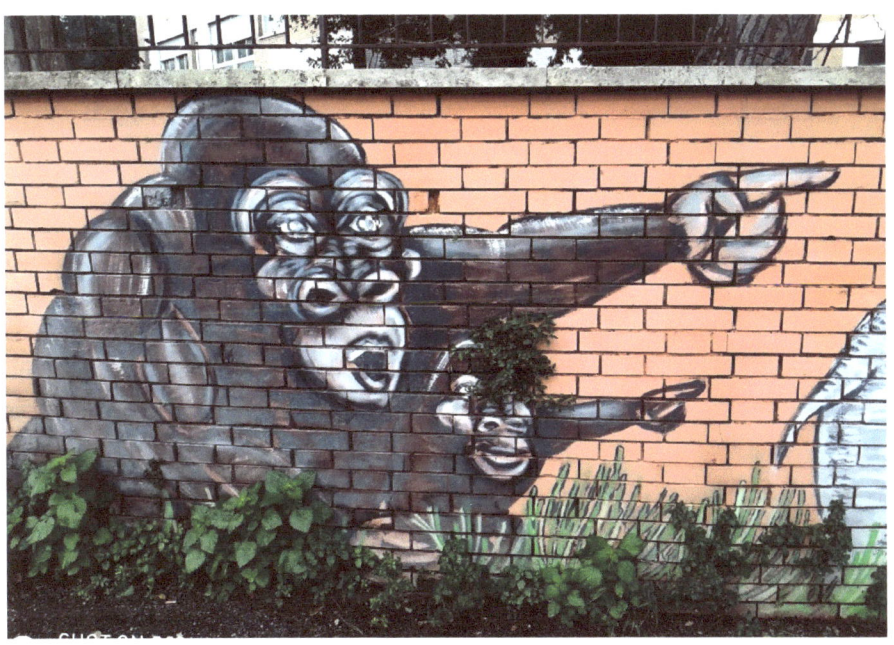

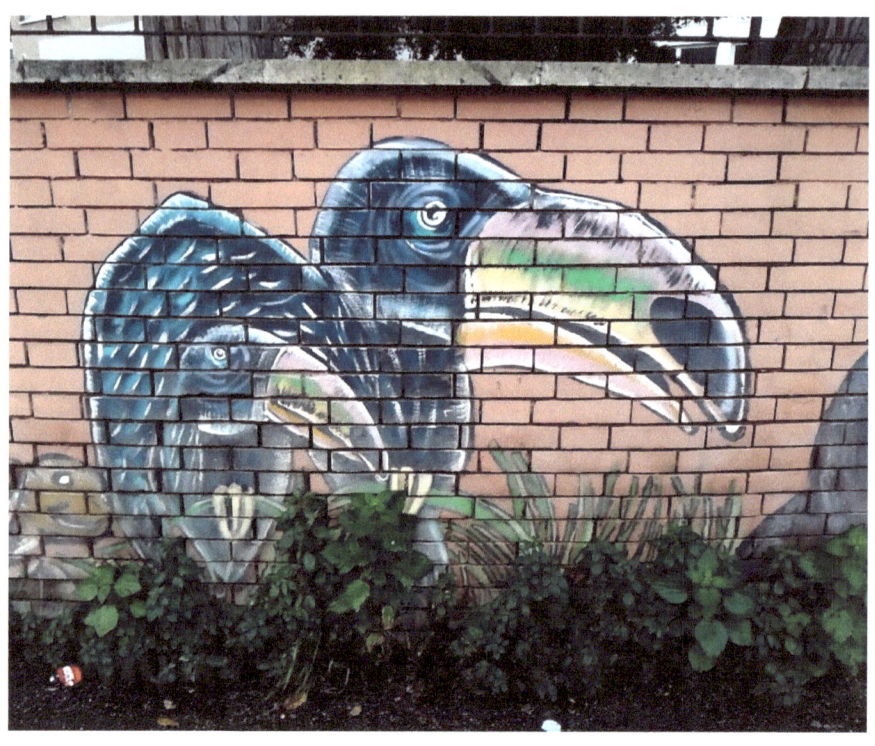

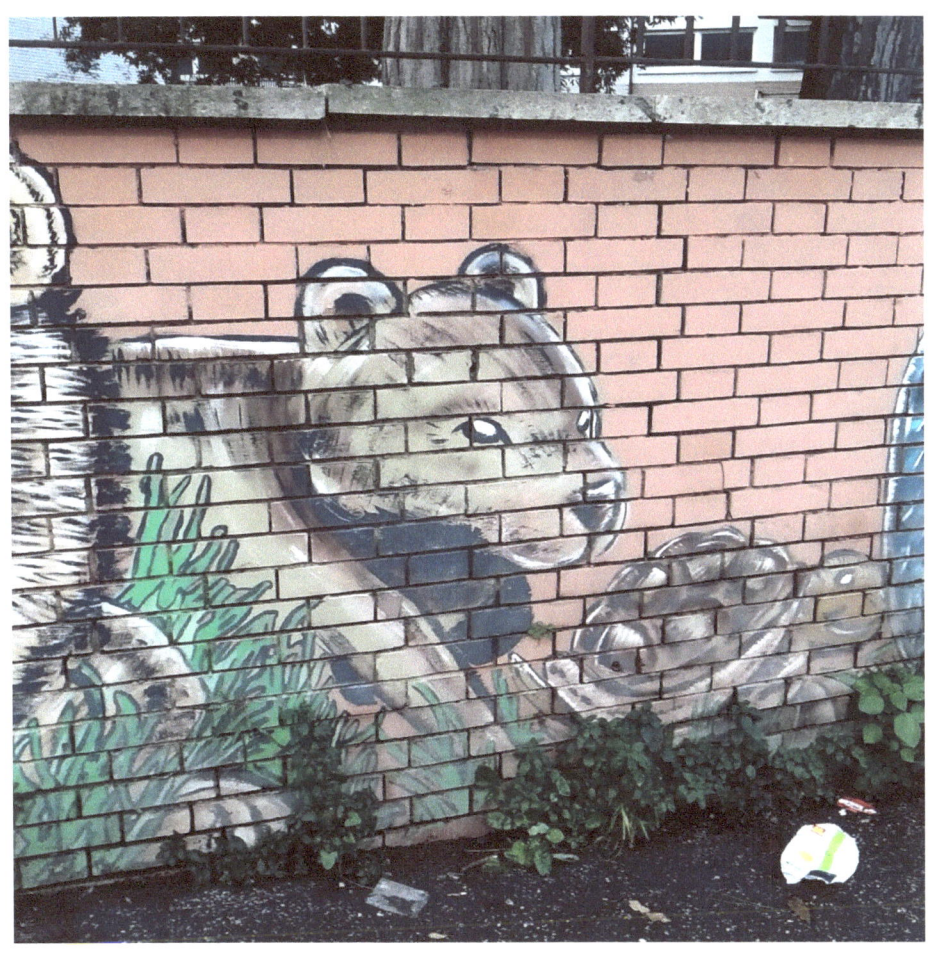

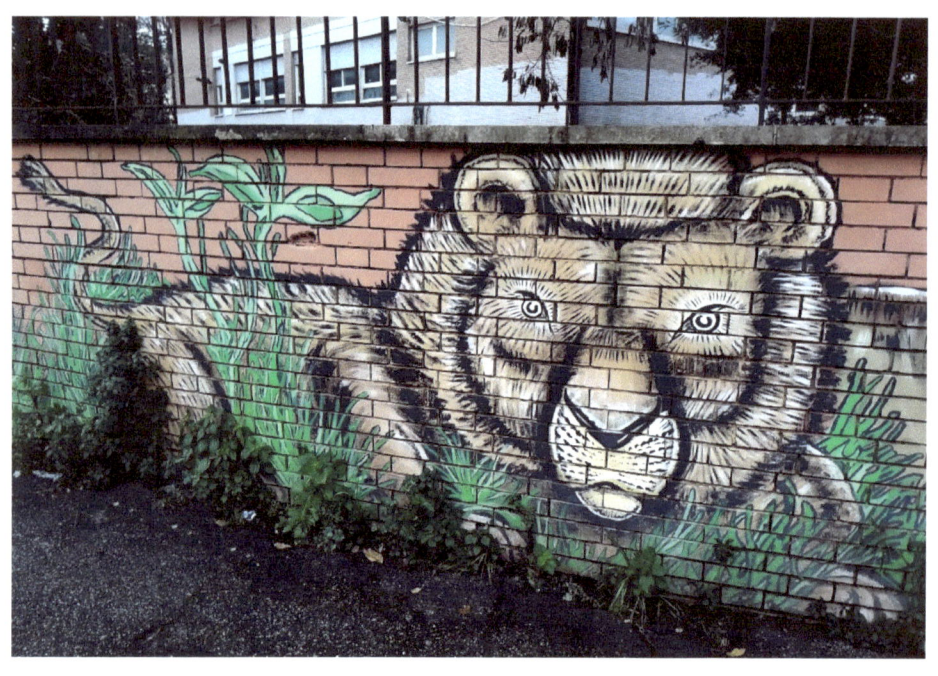

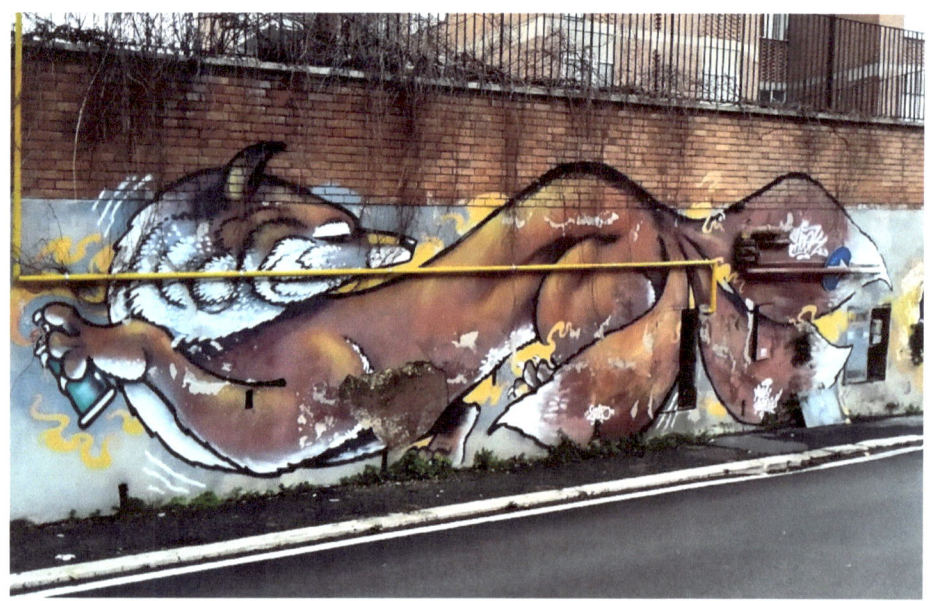

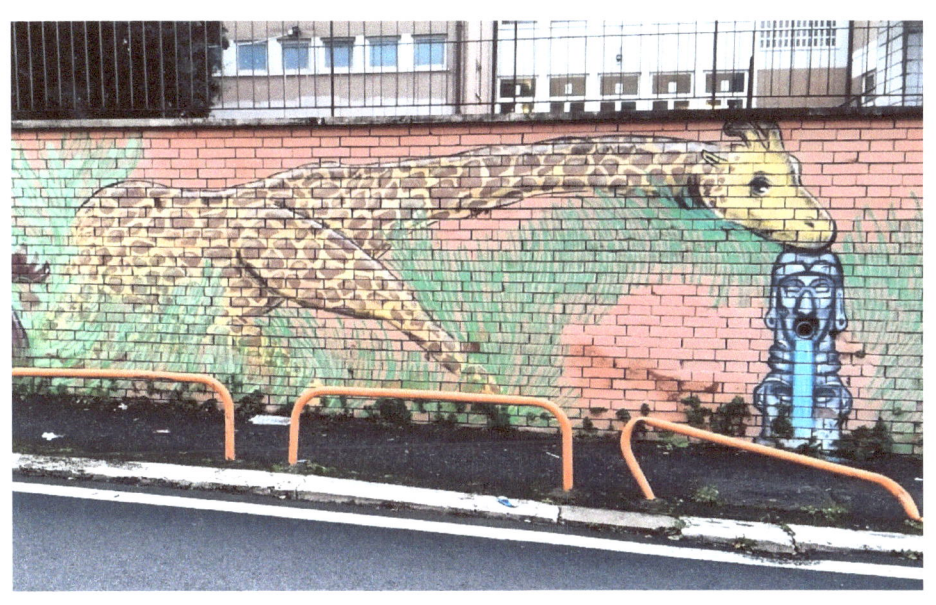
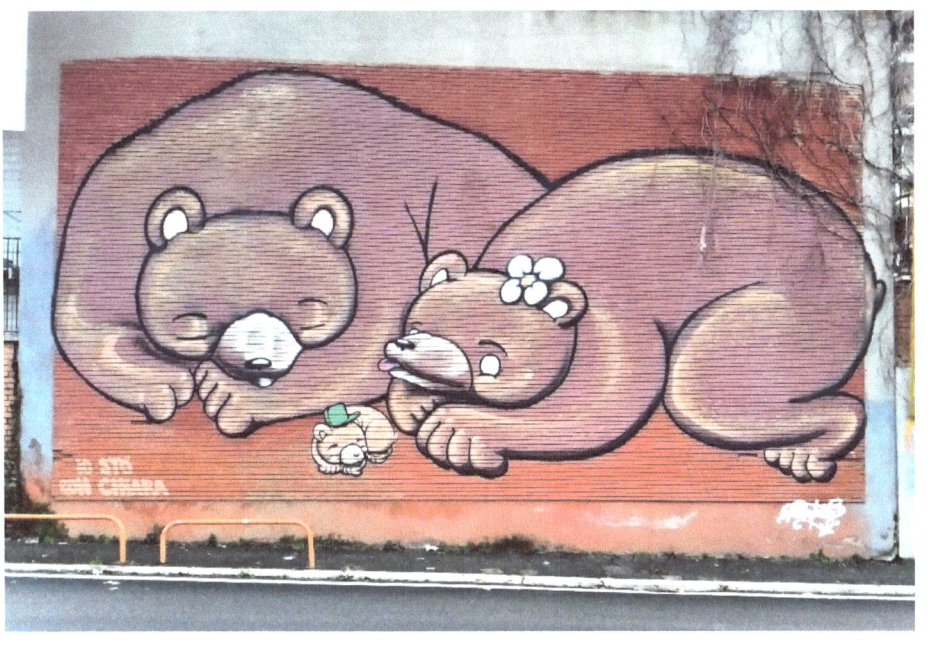

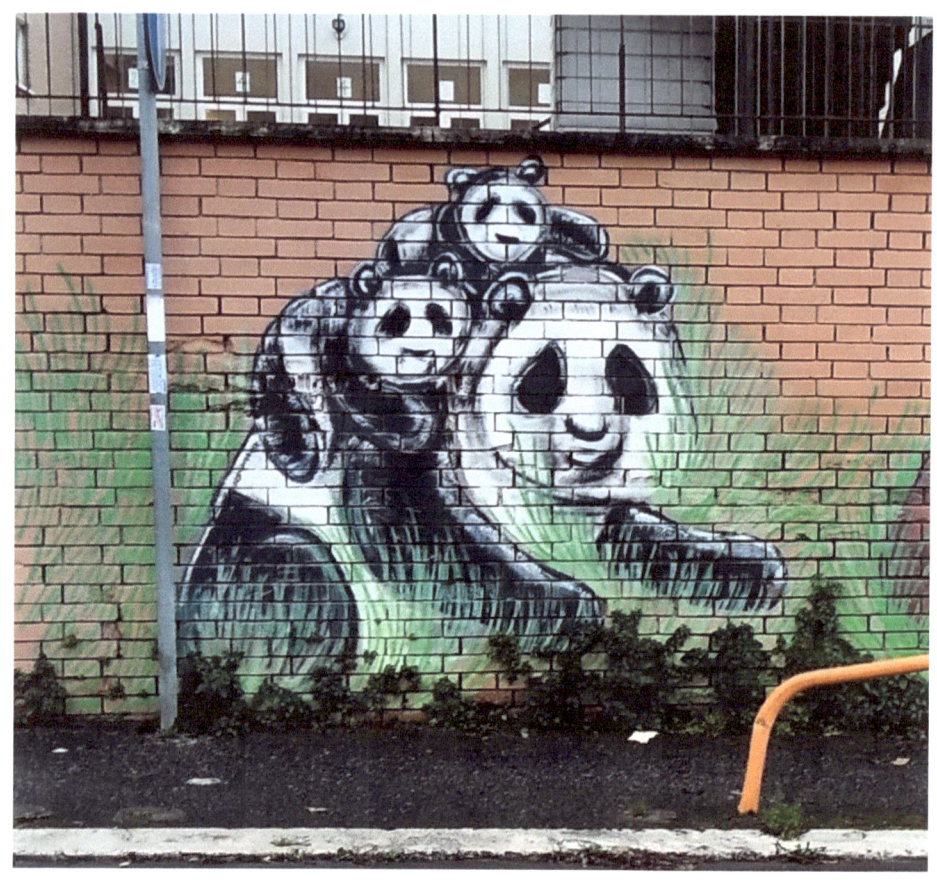

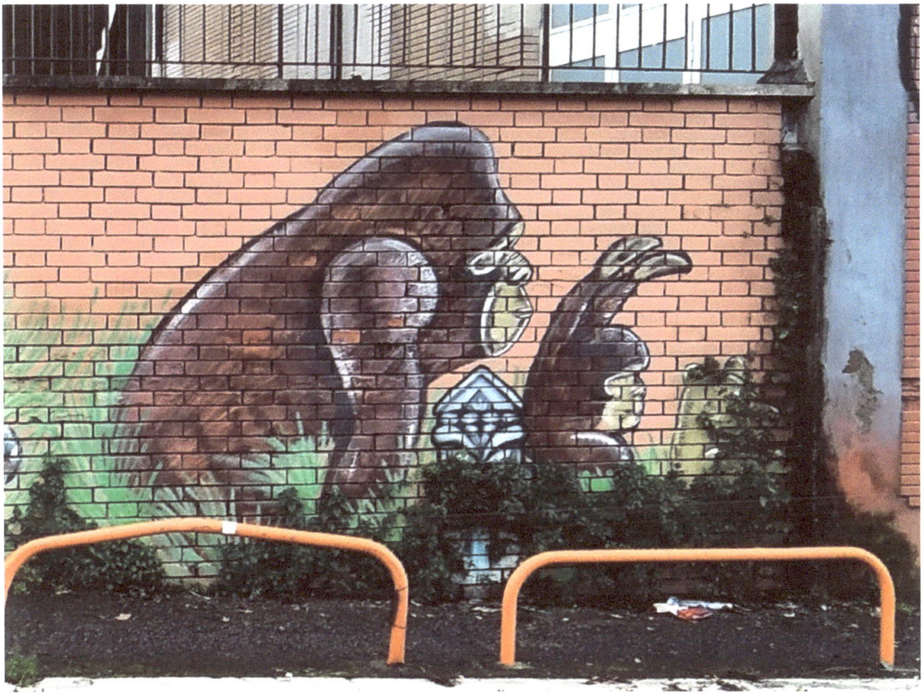

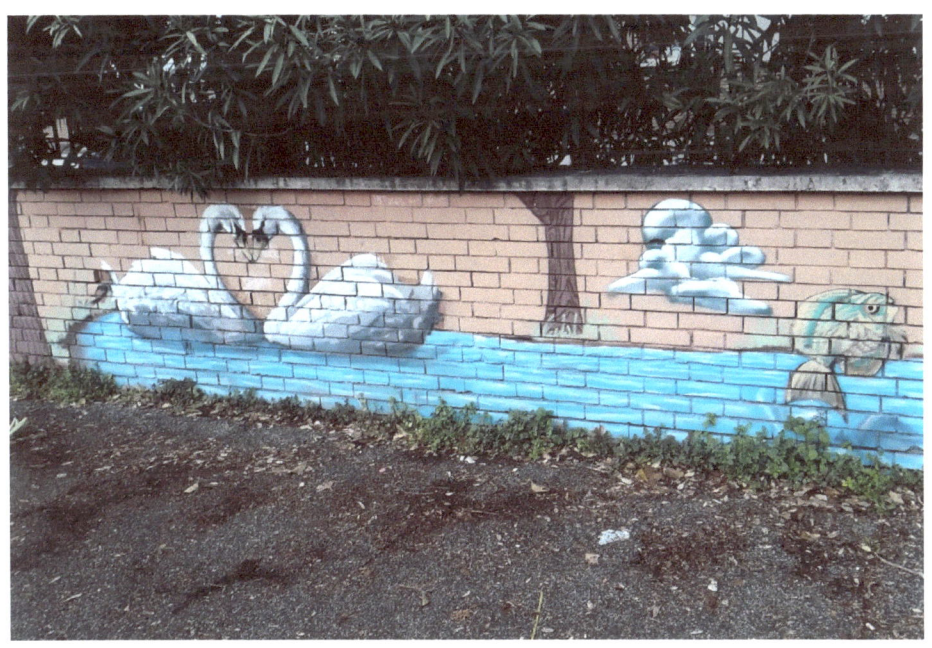

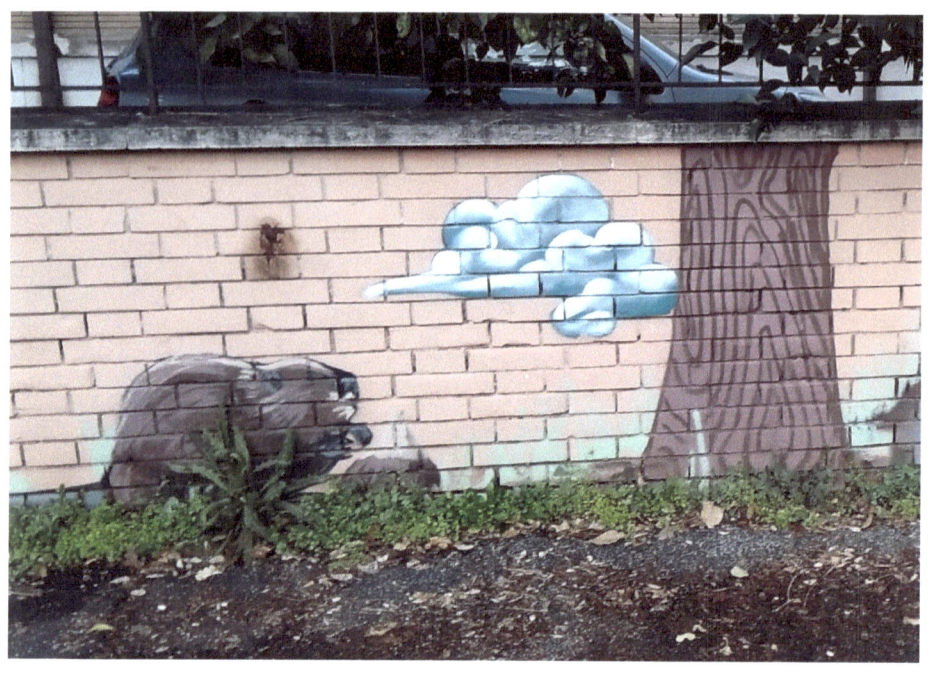

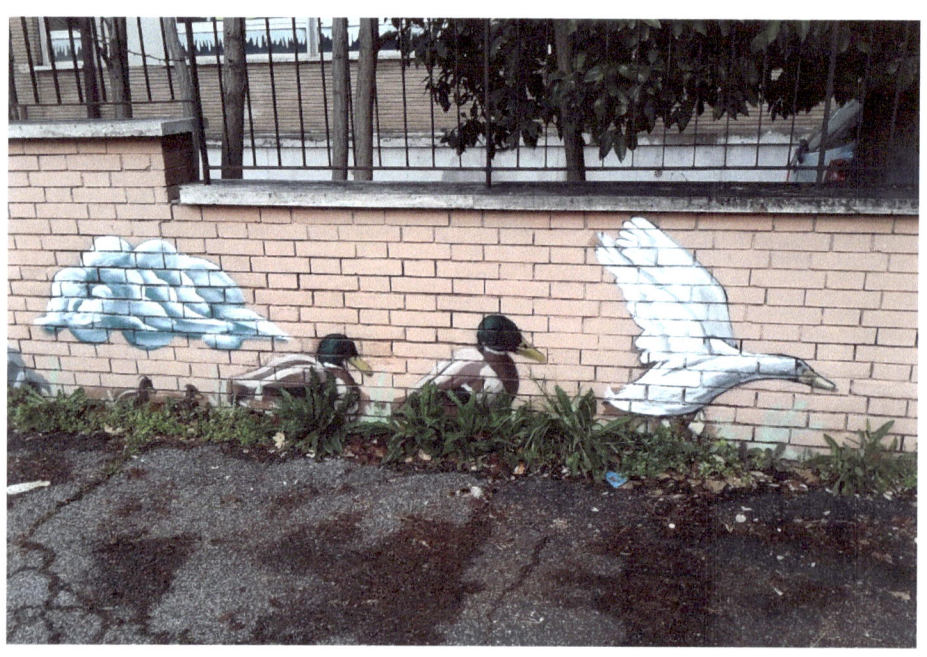

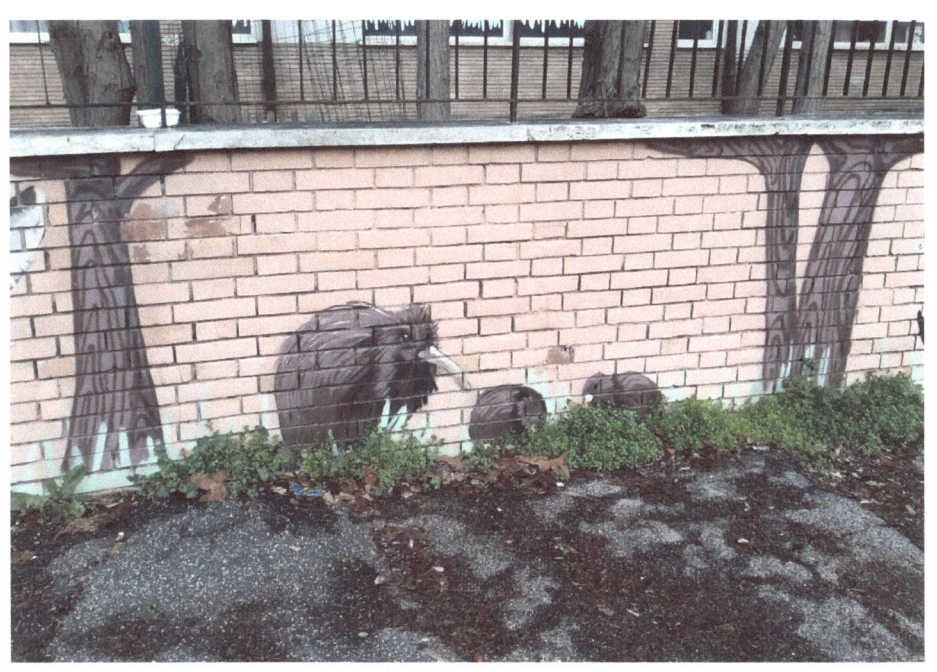

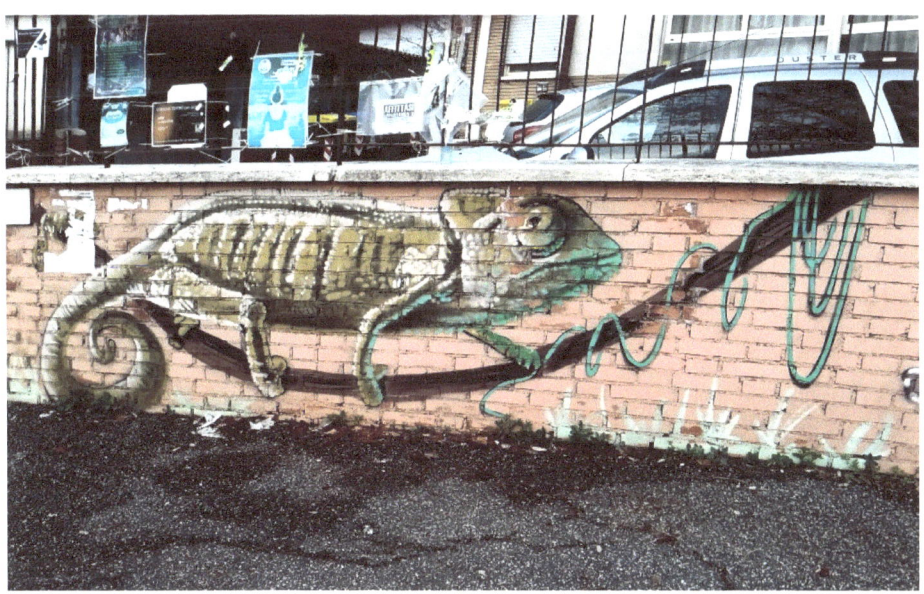

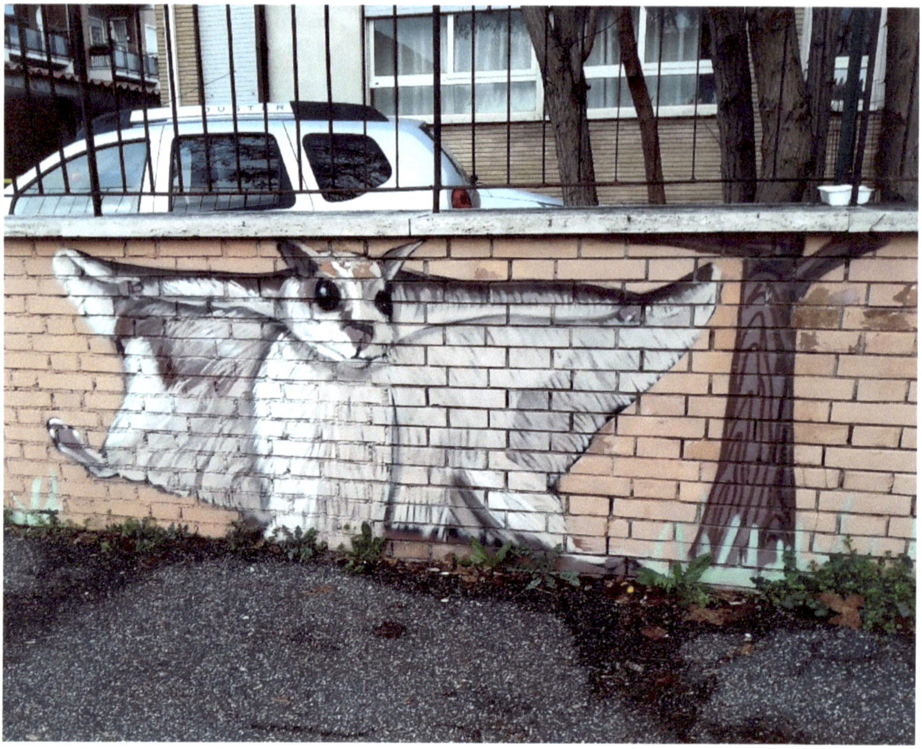

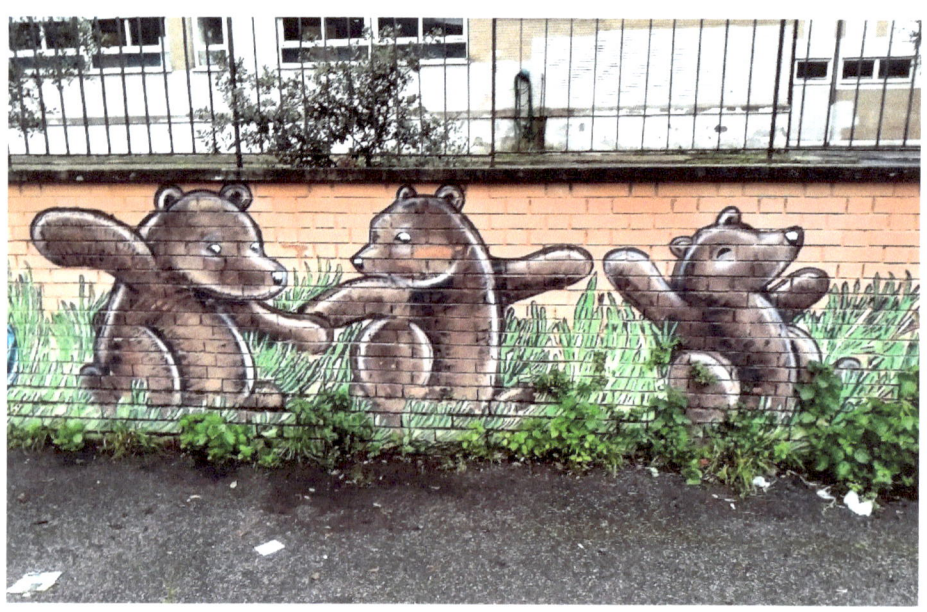

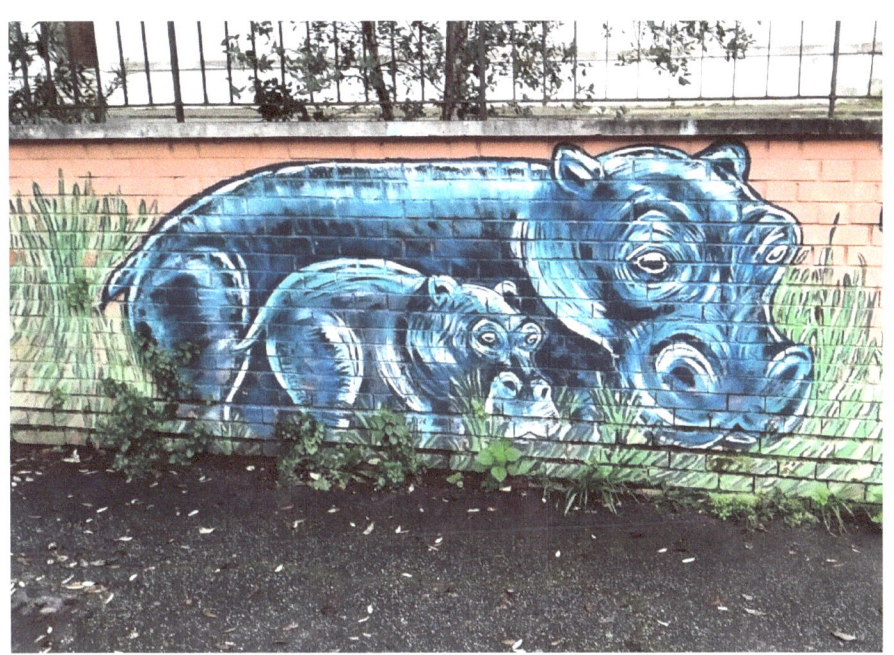

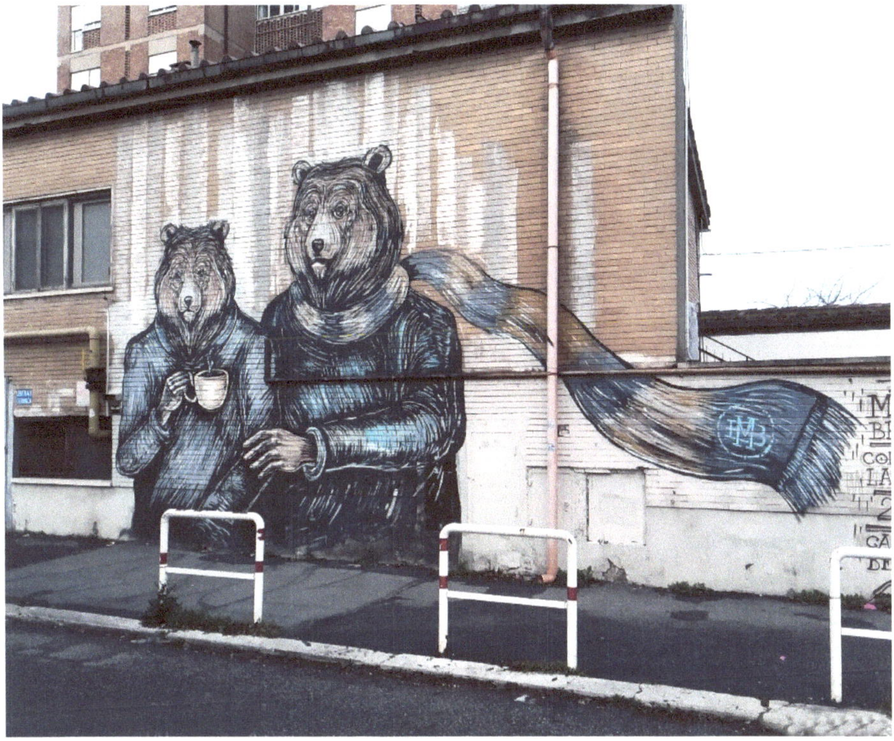

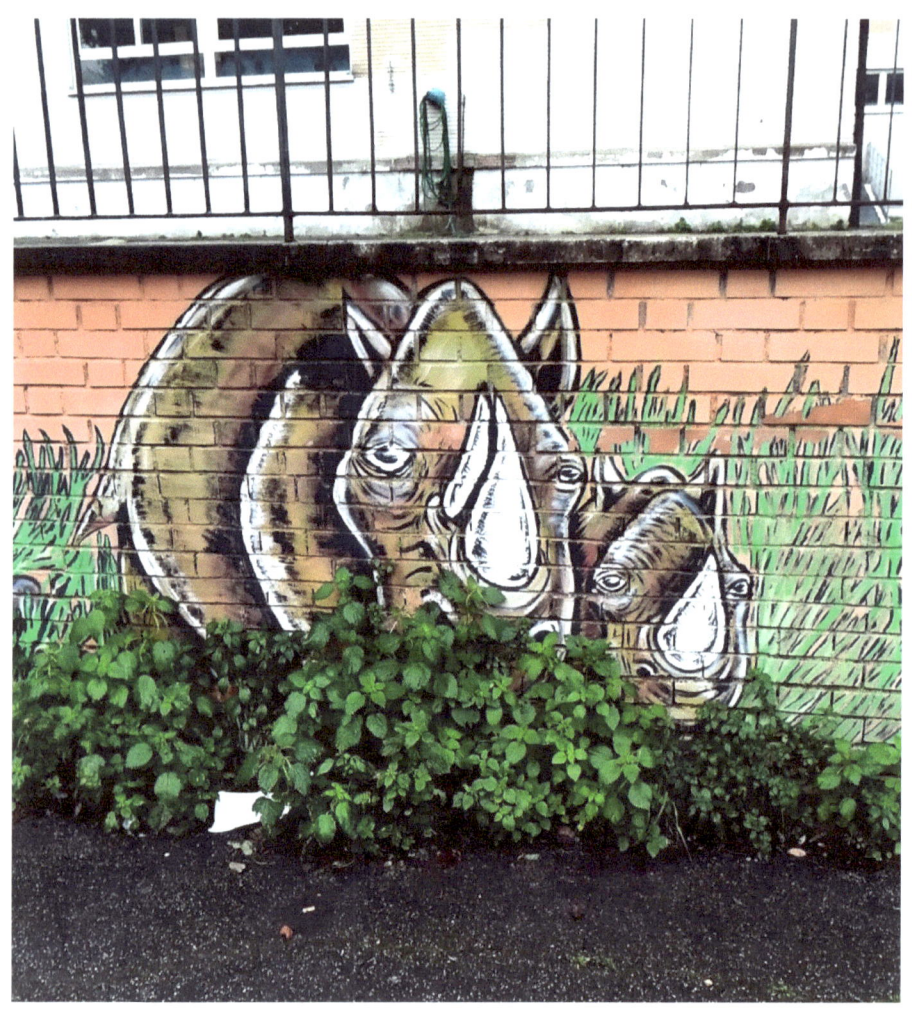

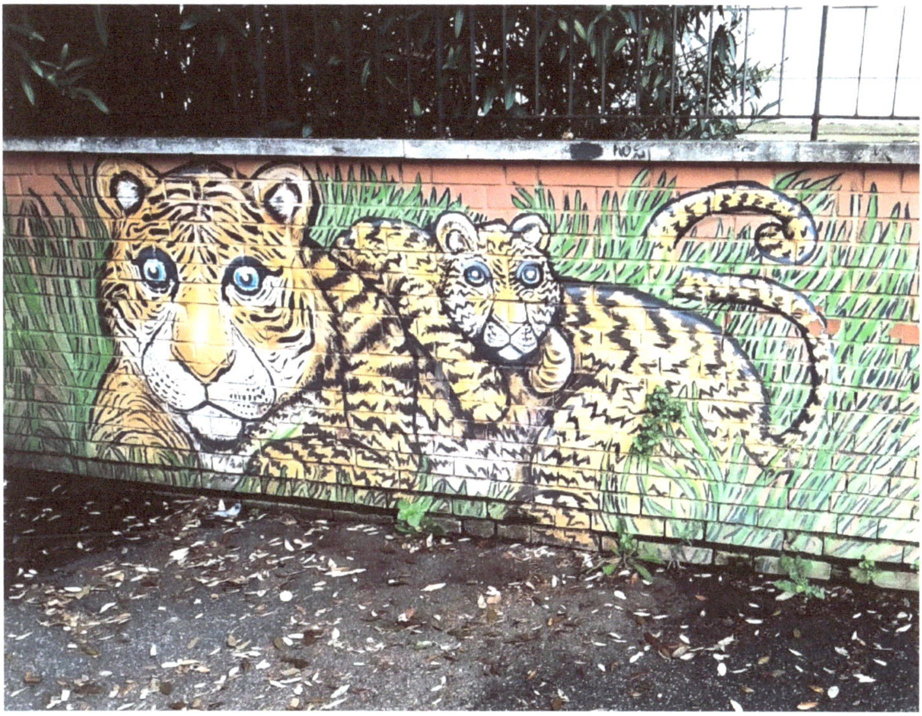

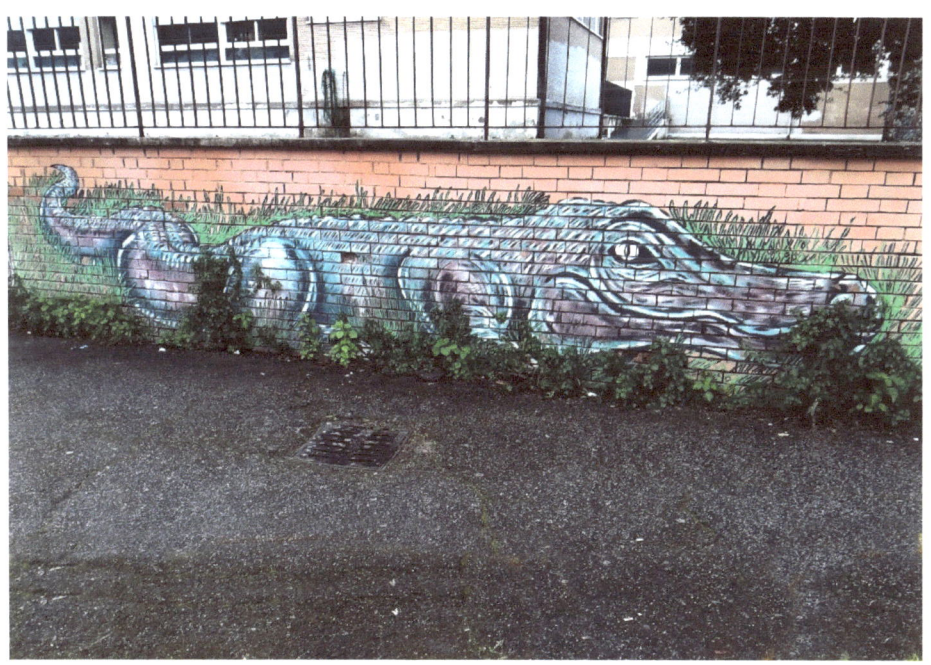

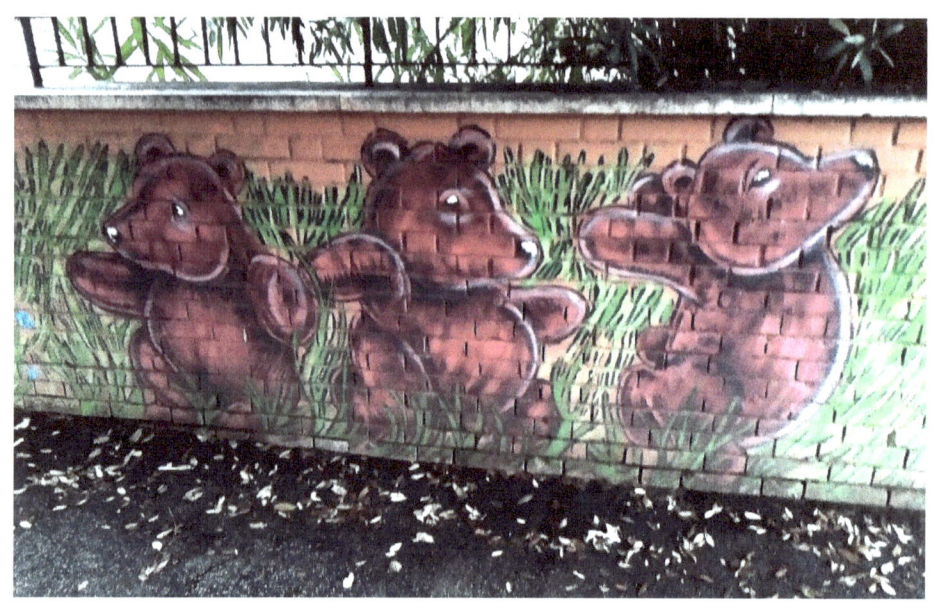

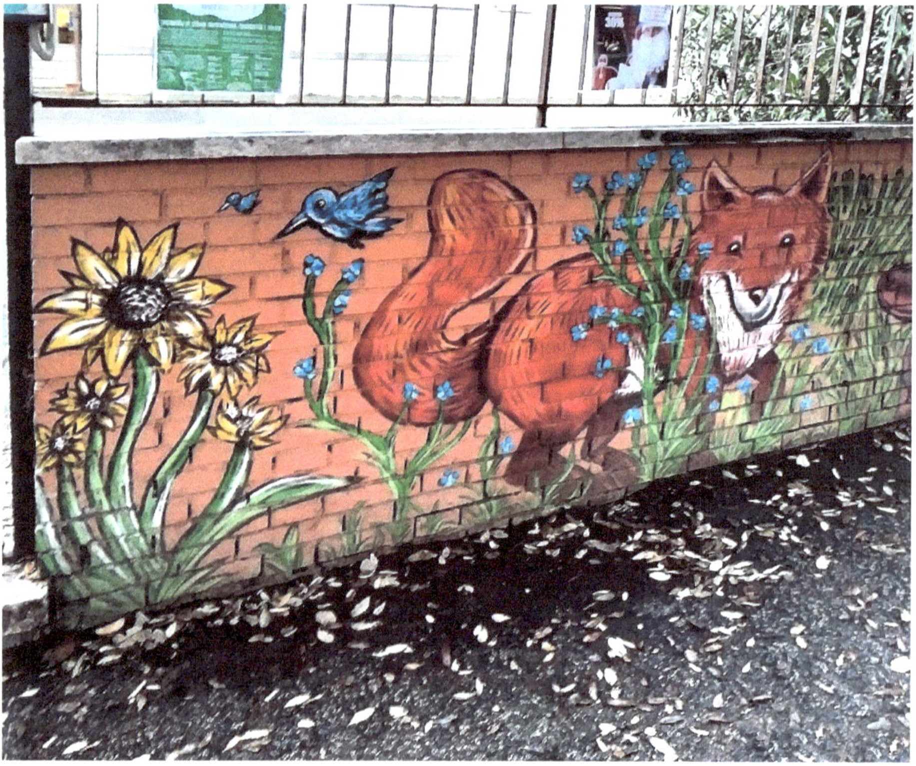

Le case di Casal Bernocchi

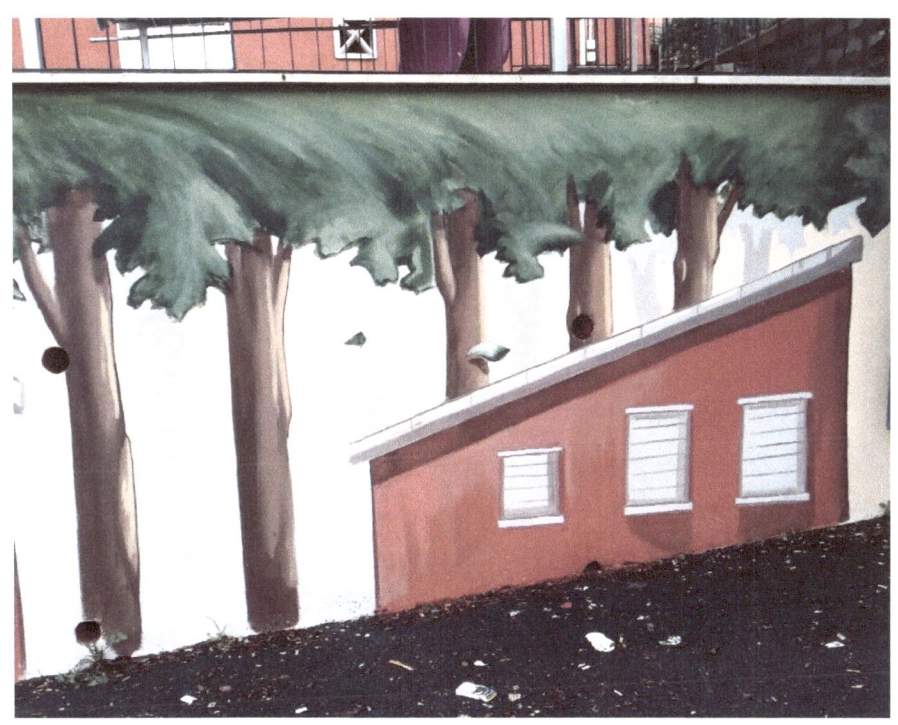

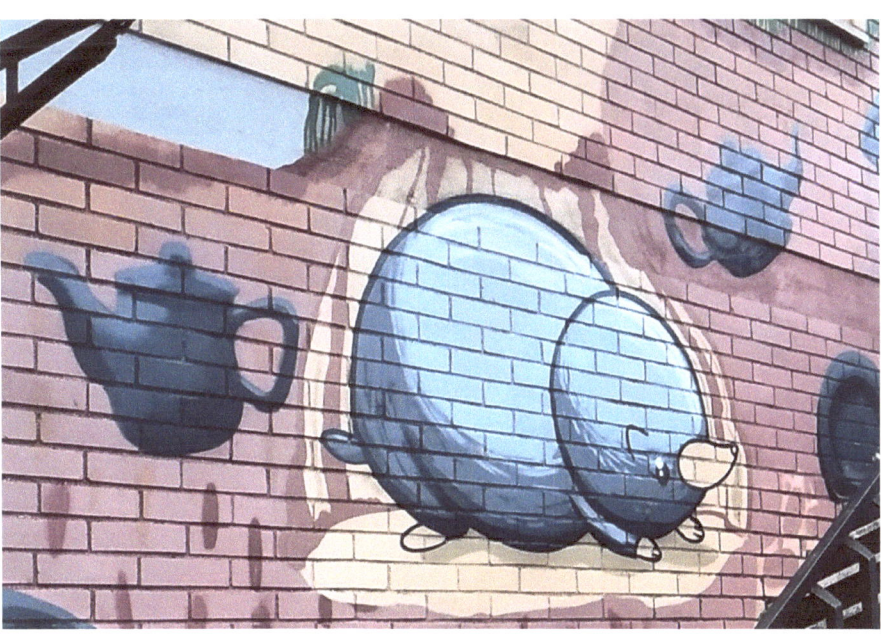

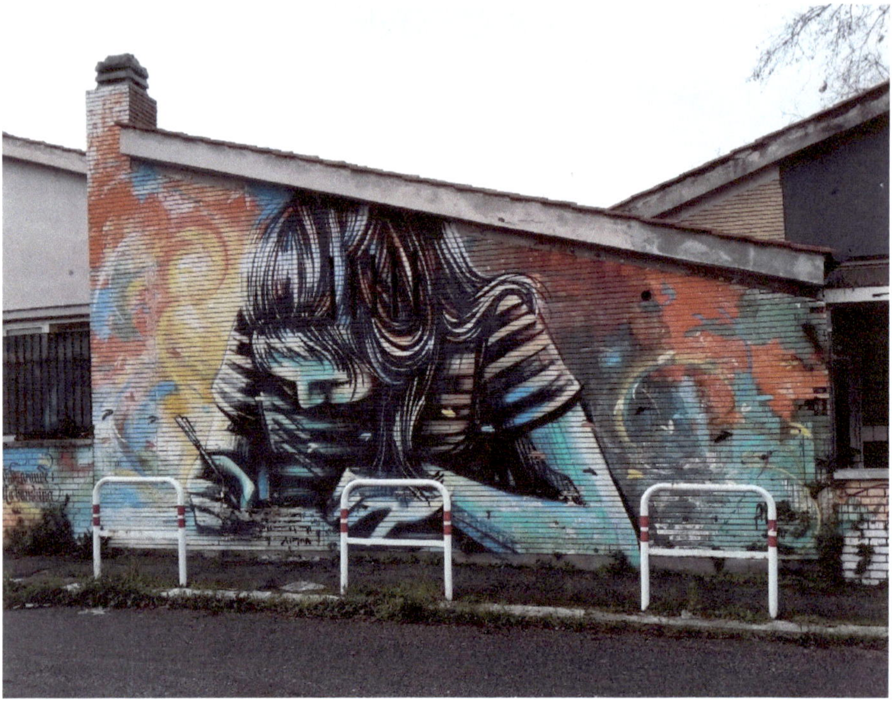

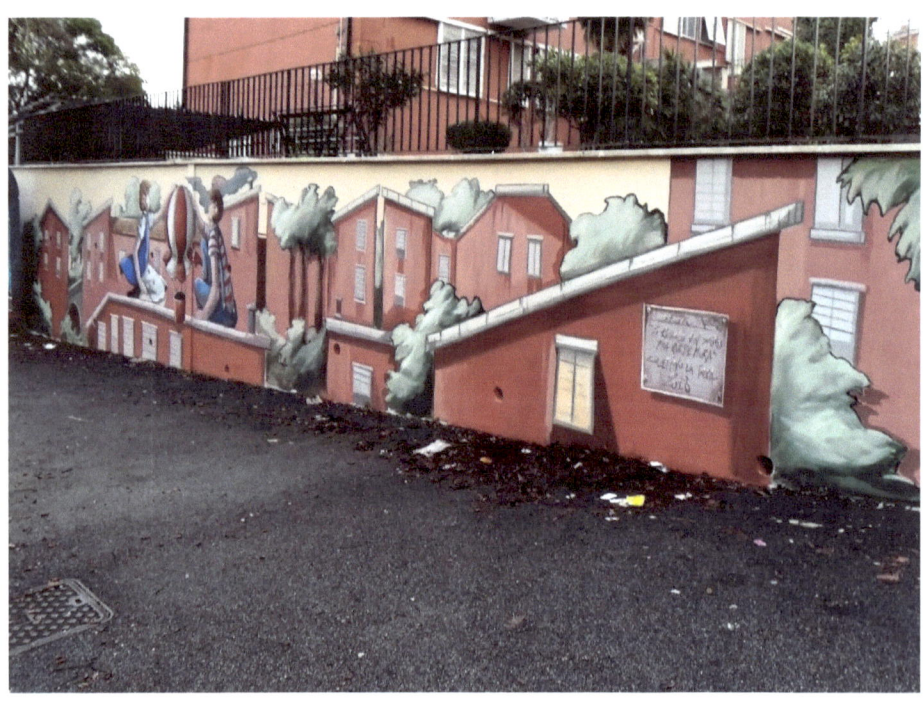

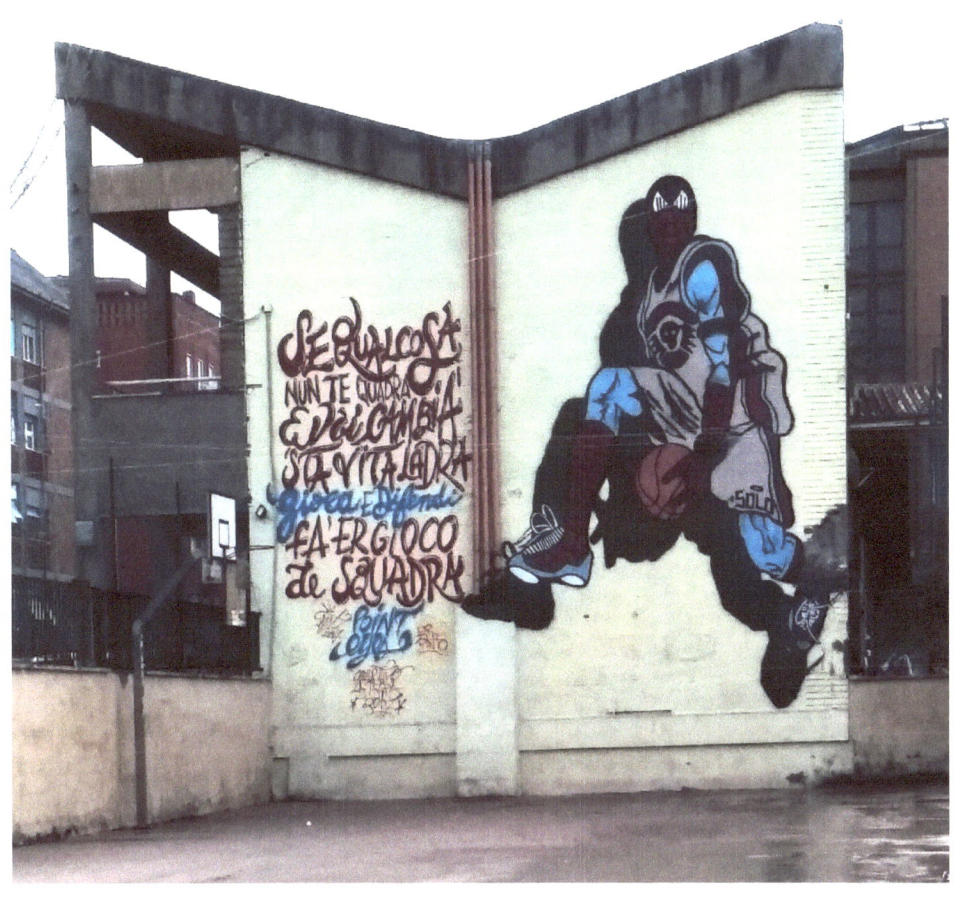

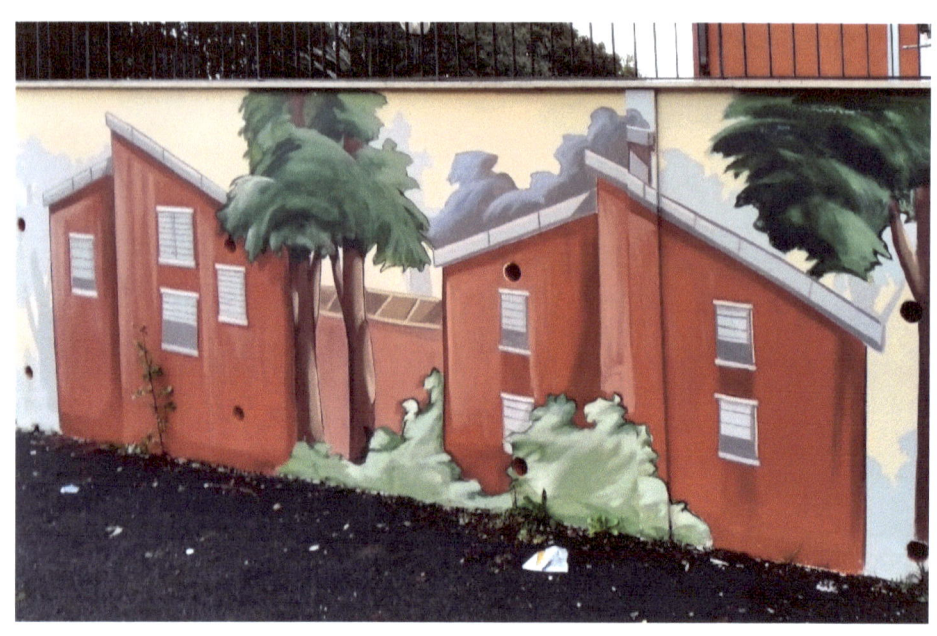

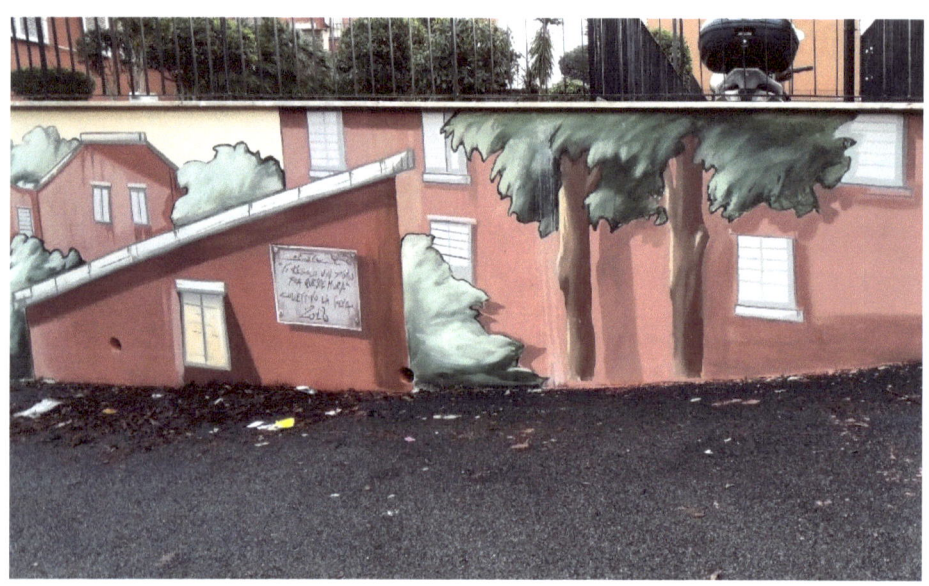

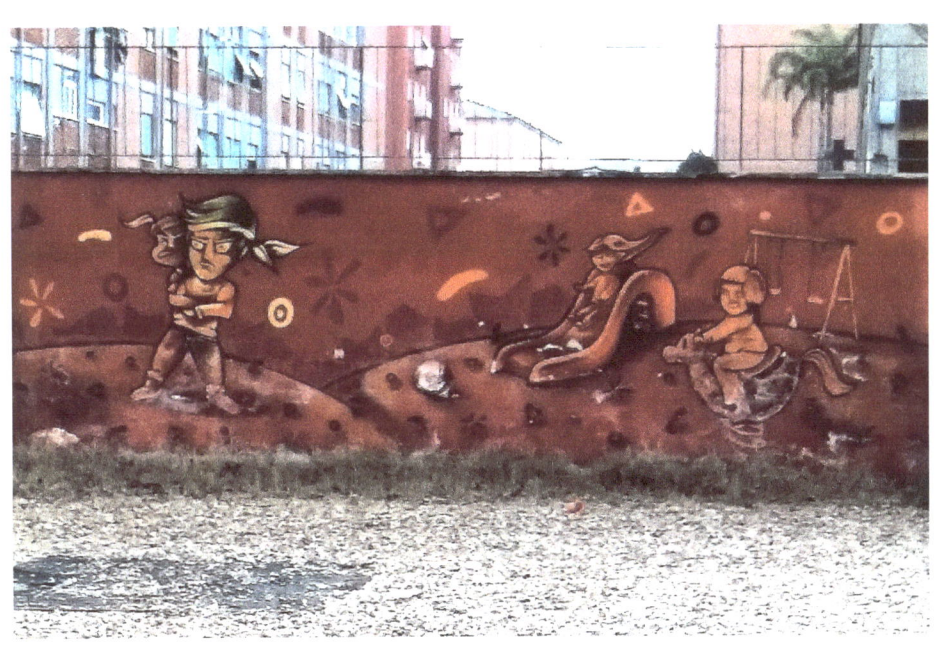

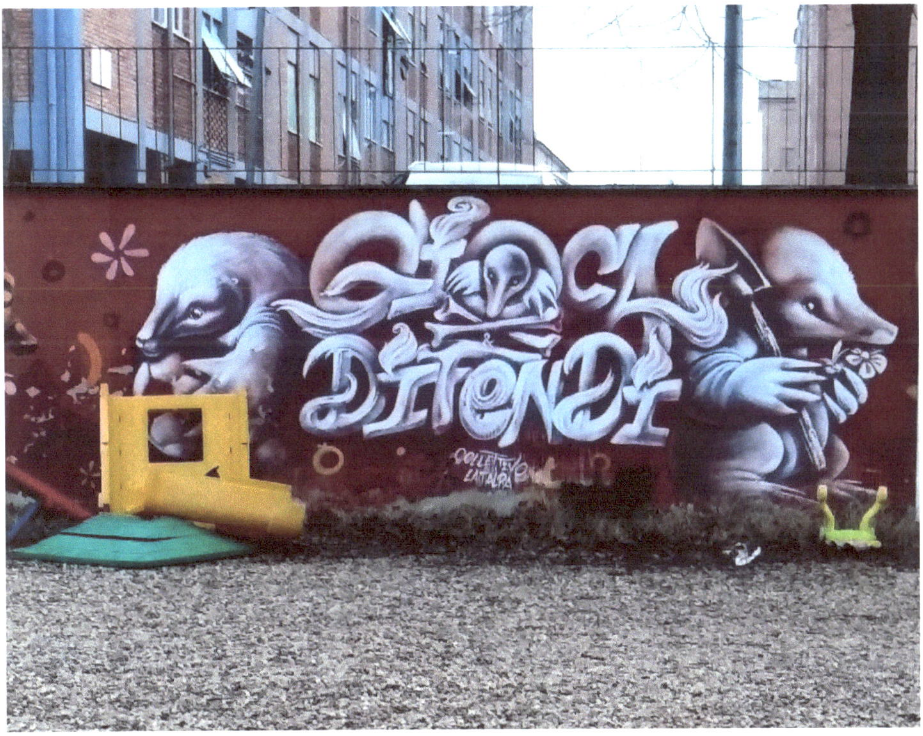

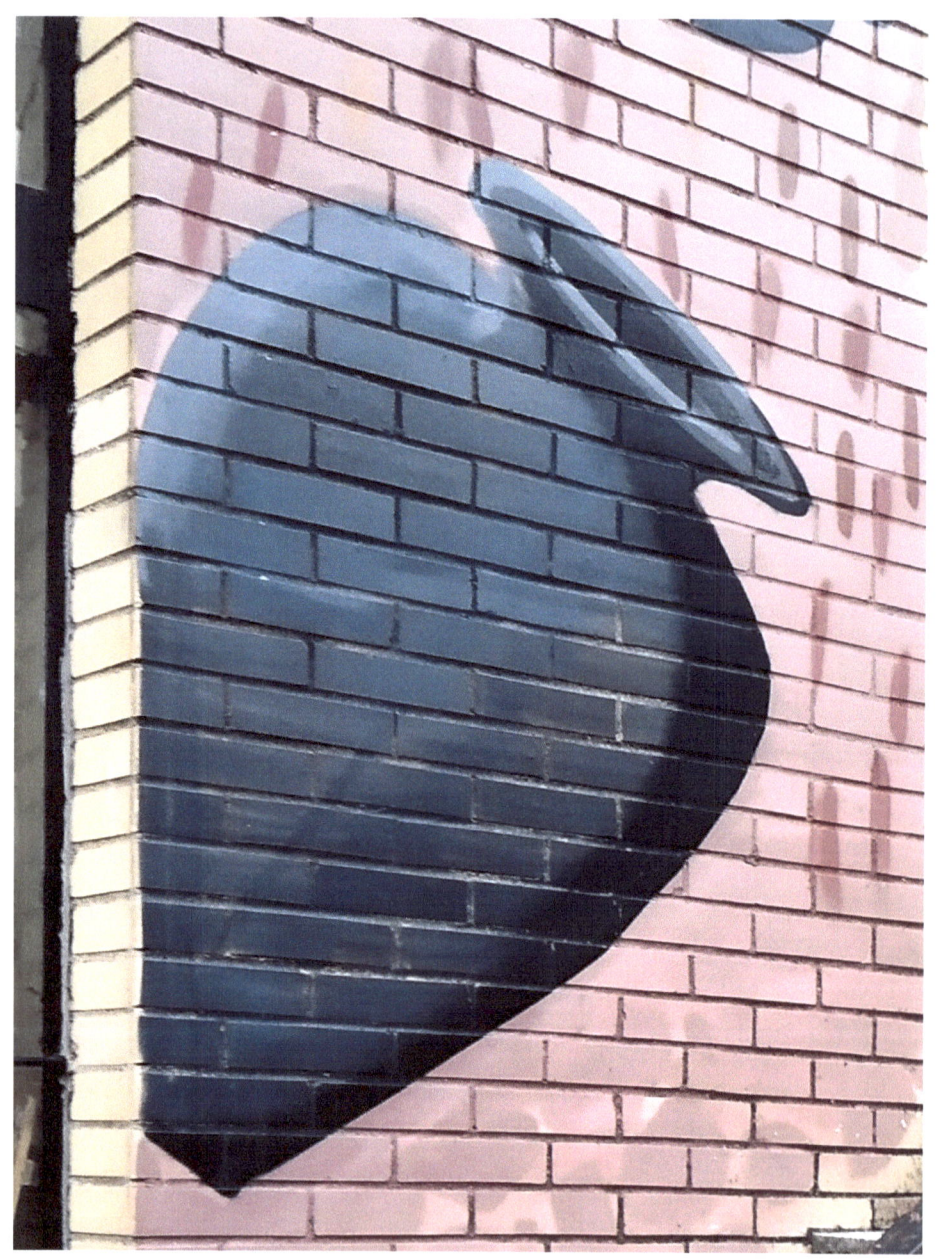

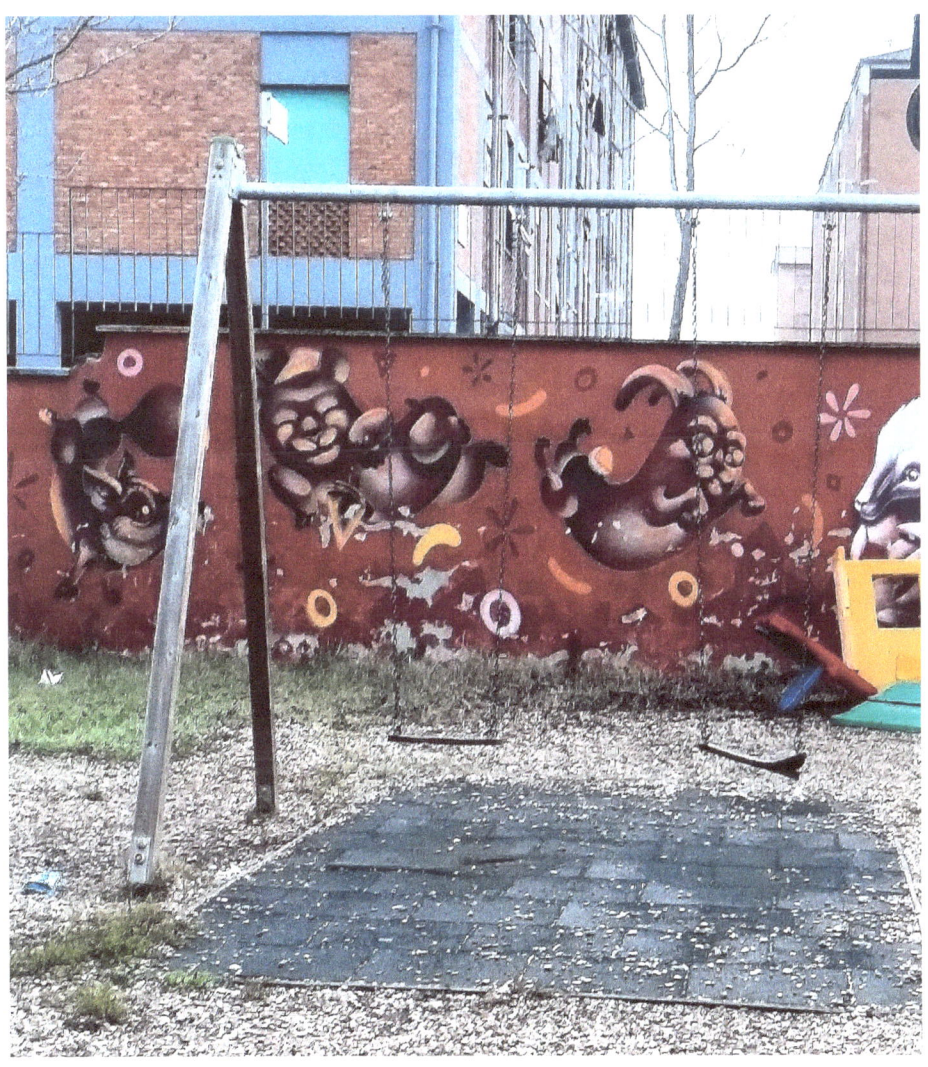

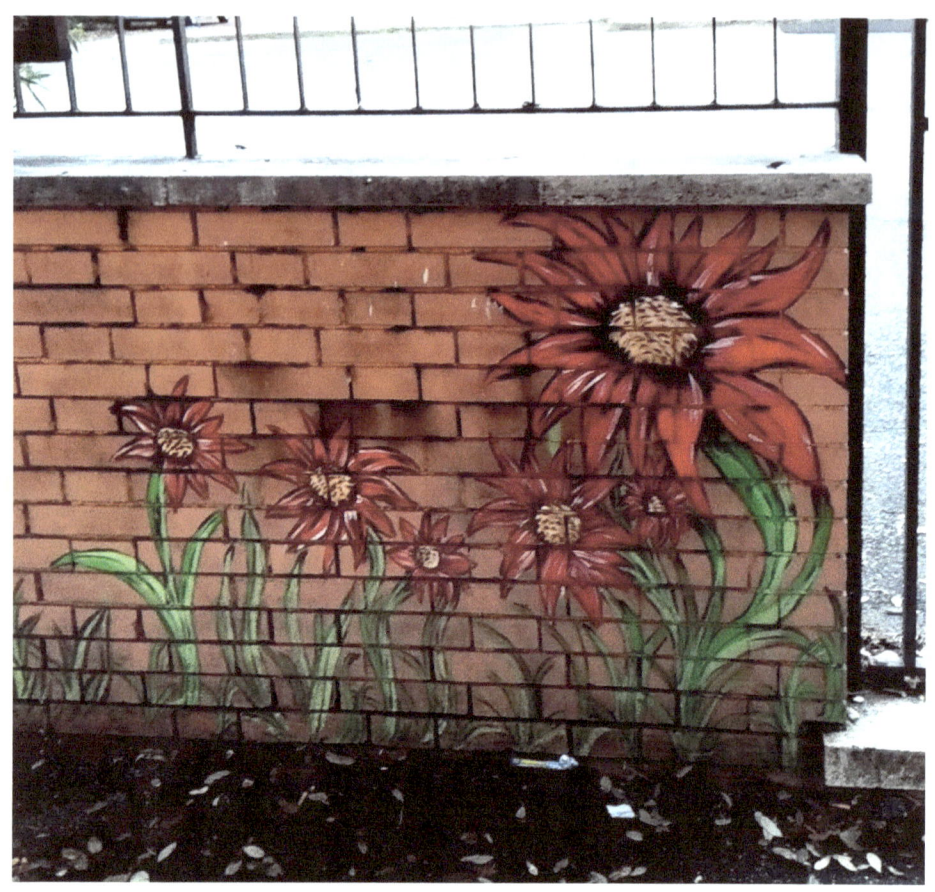

Altri libri sulla Street Art

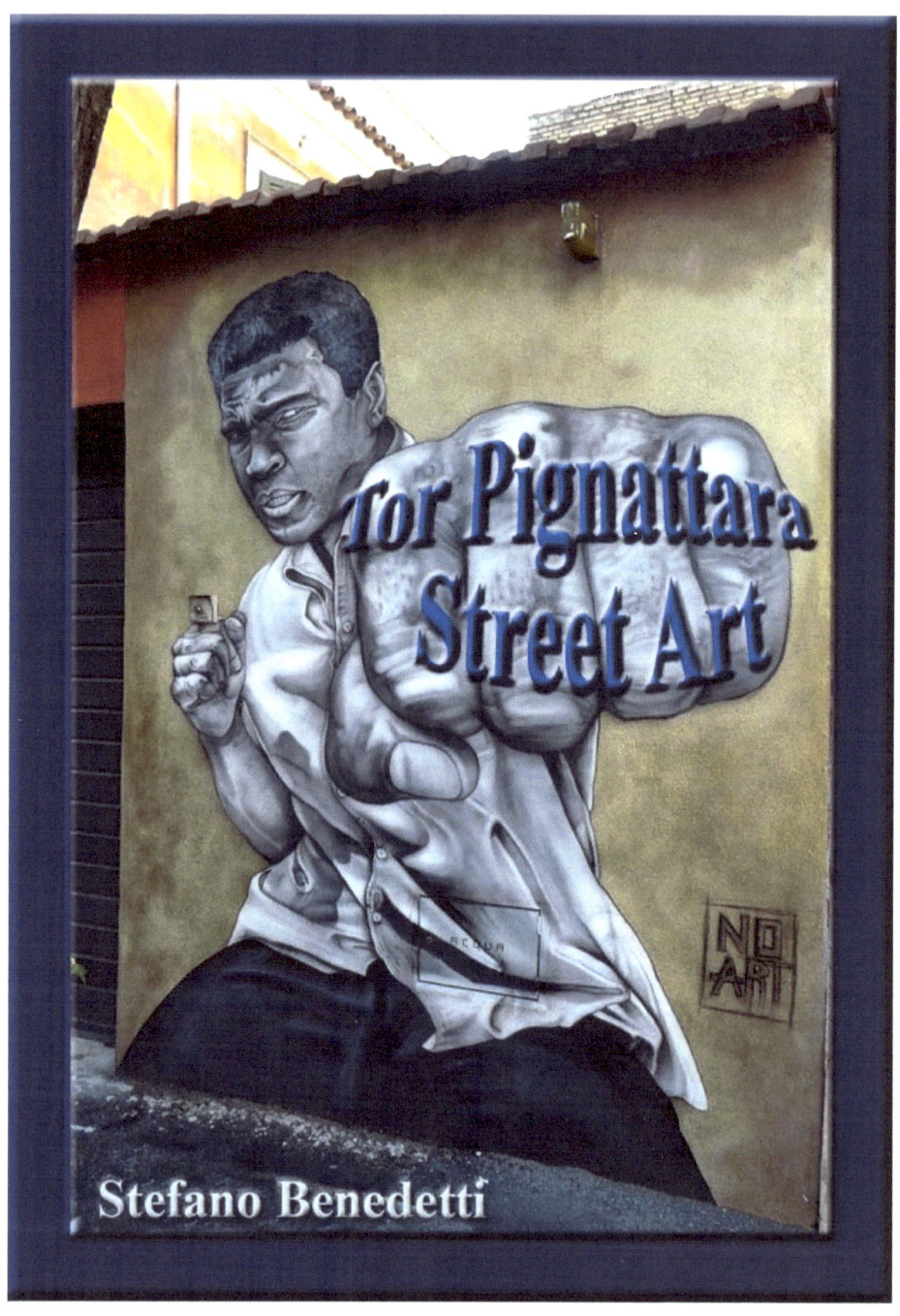

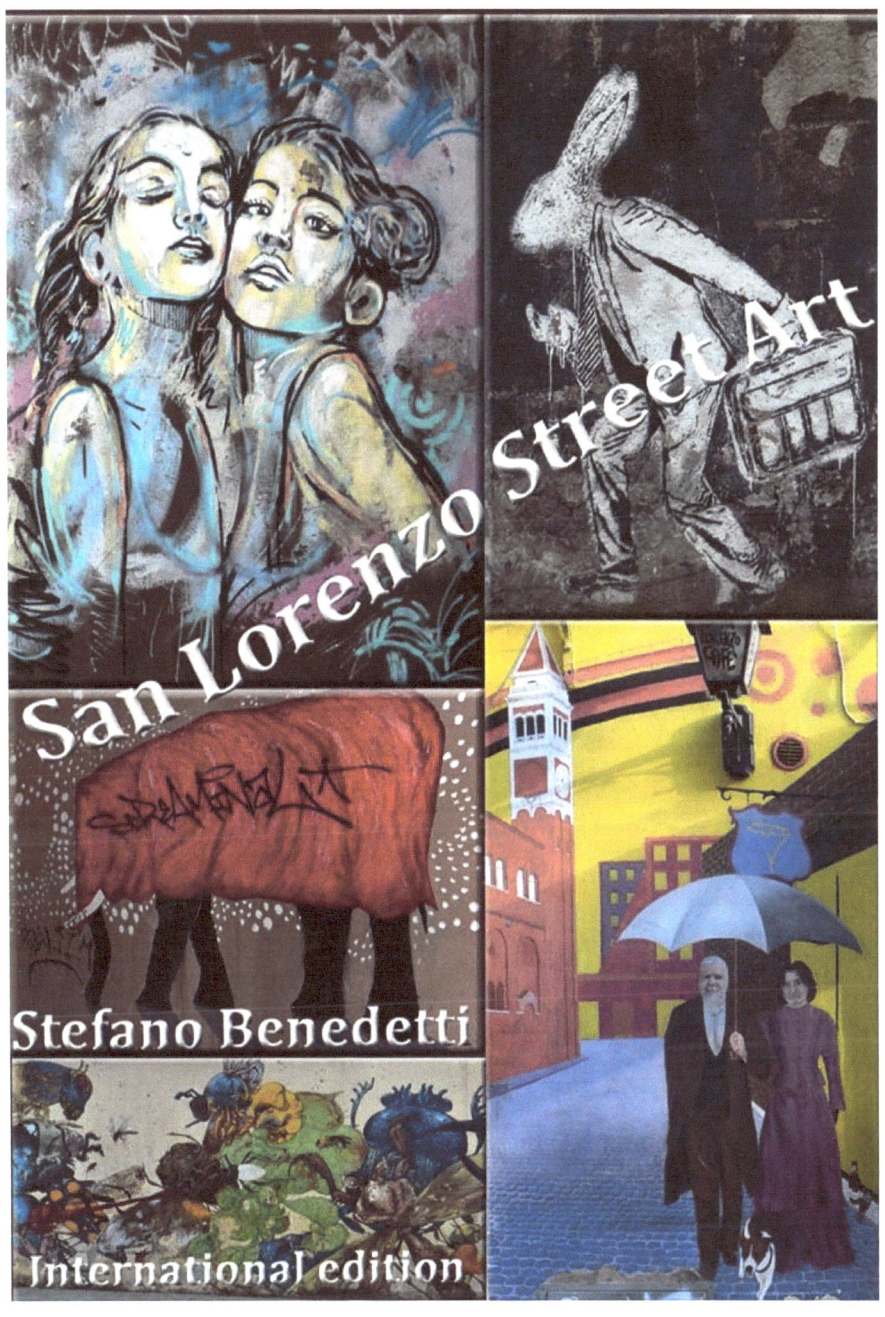

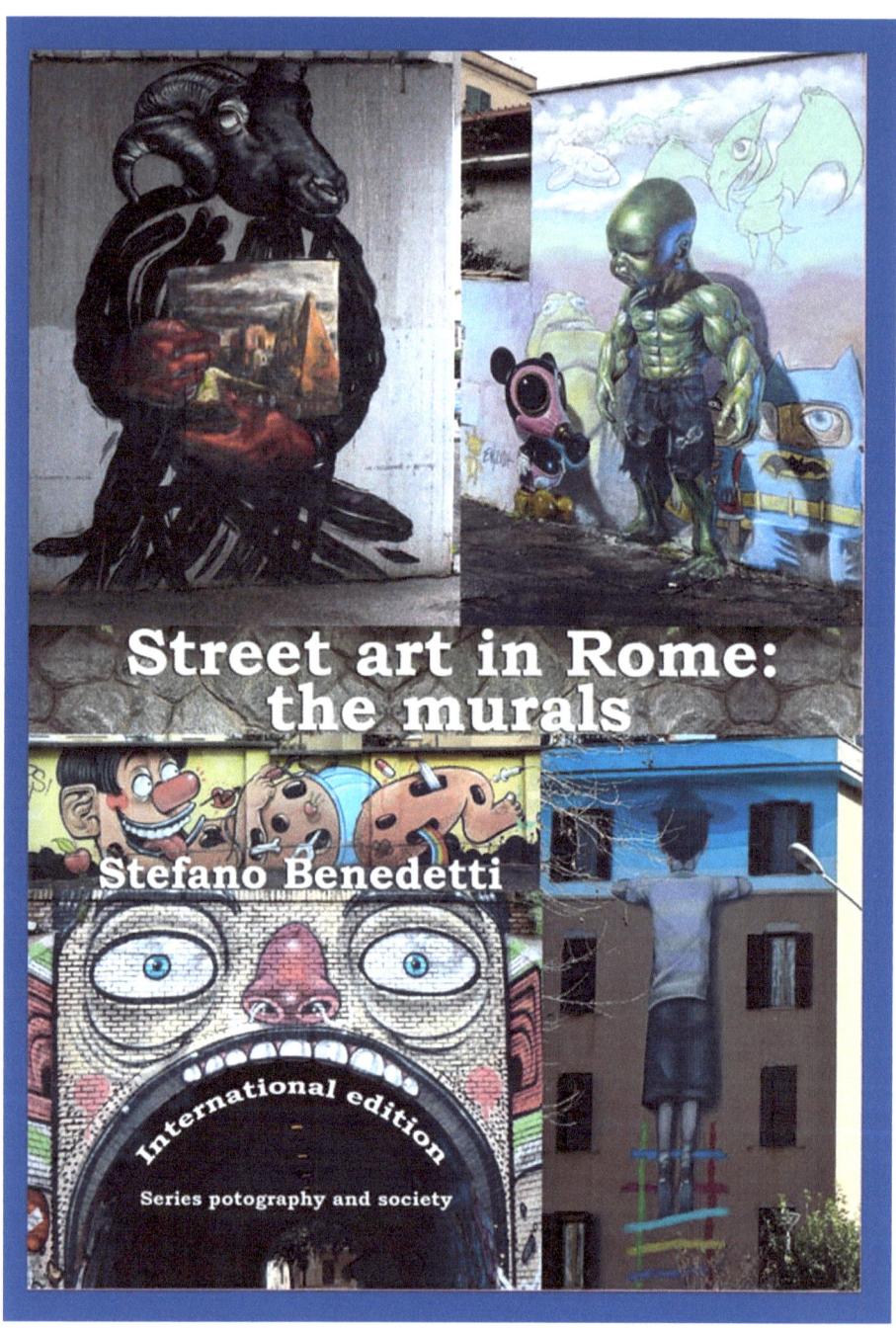

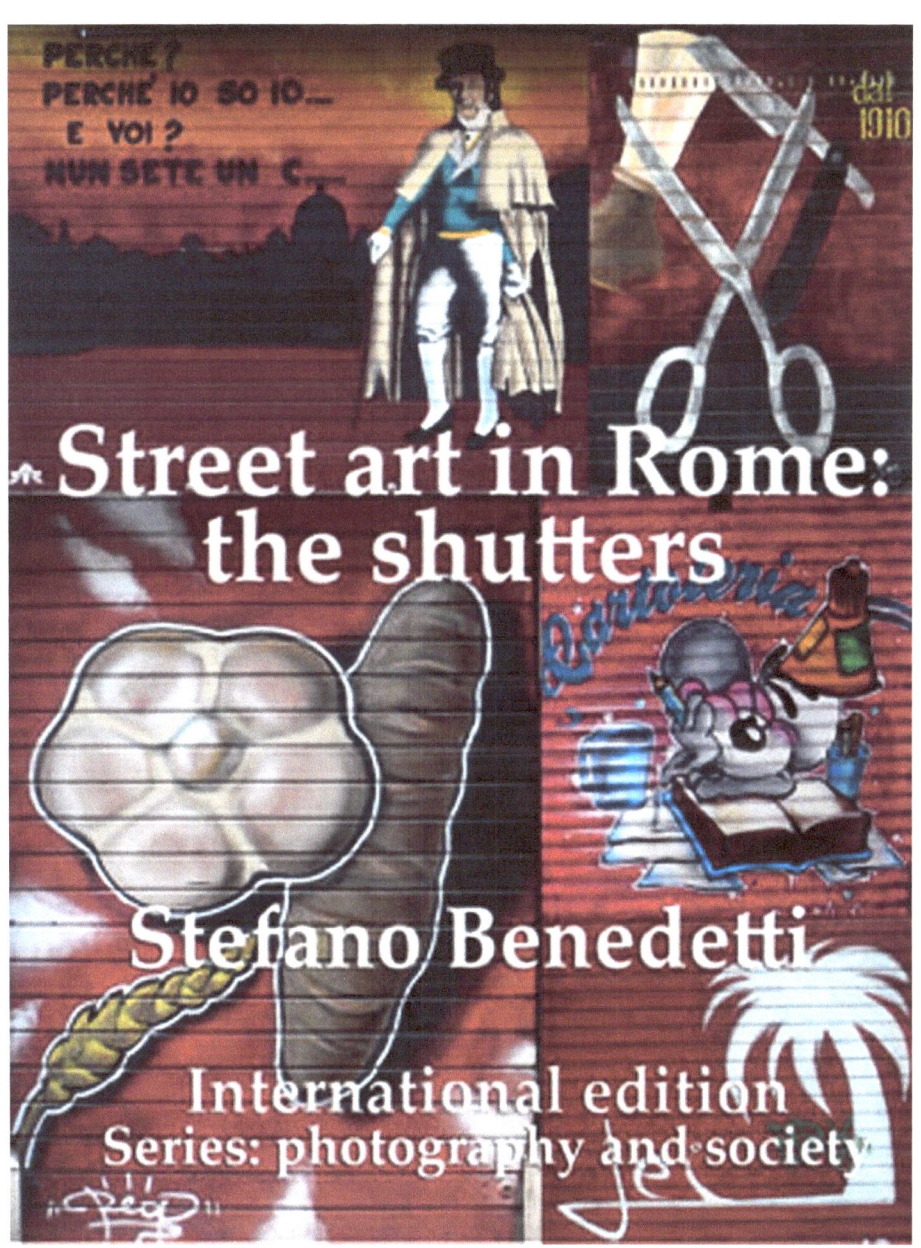

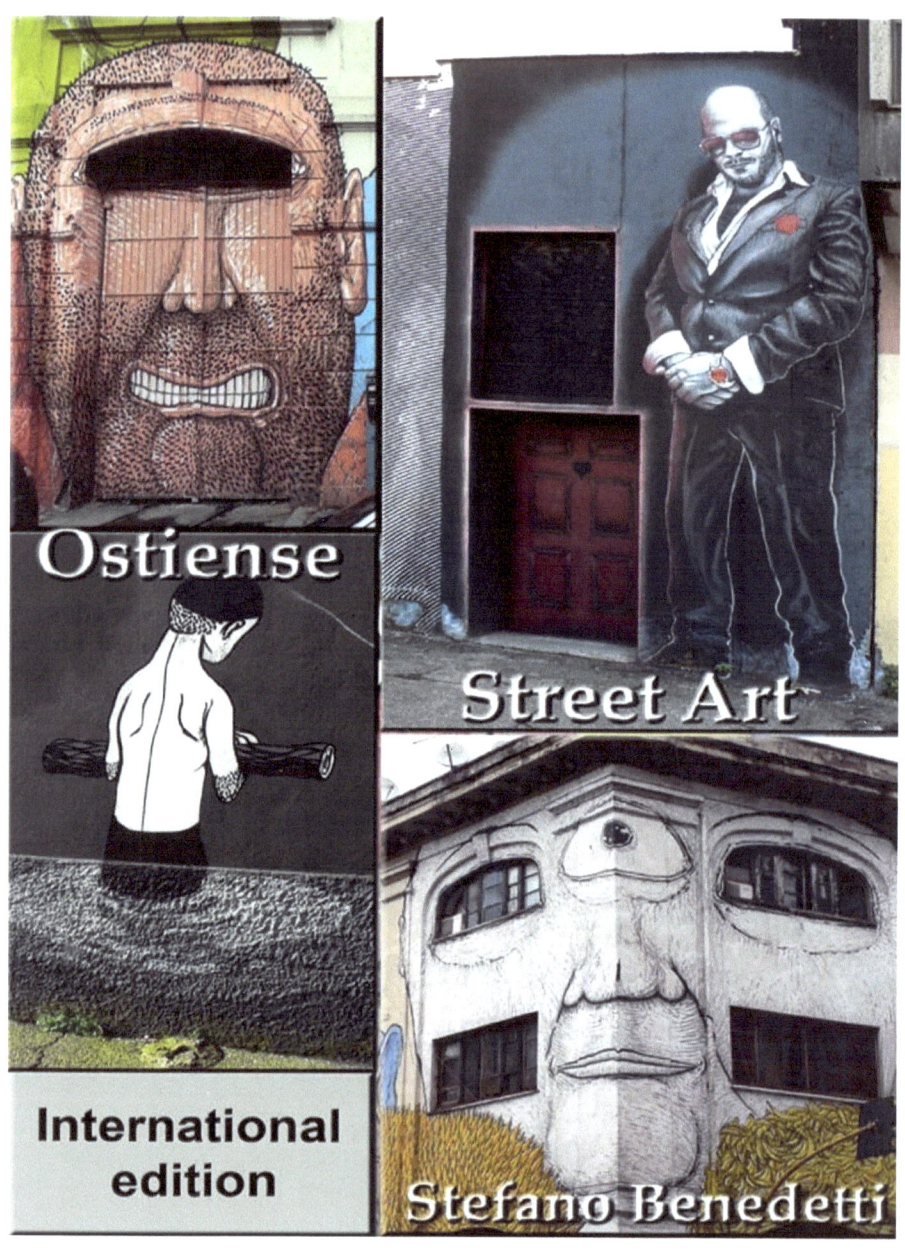

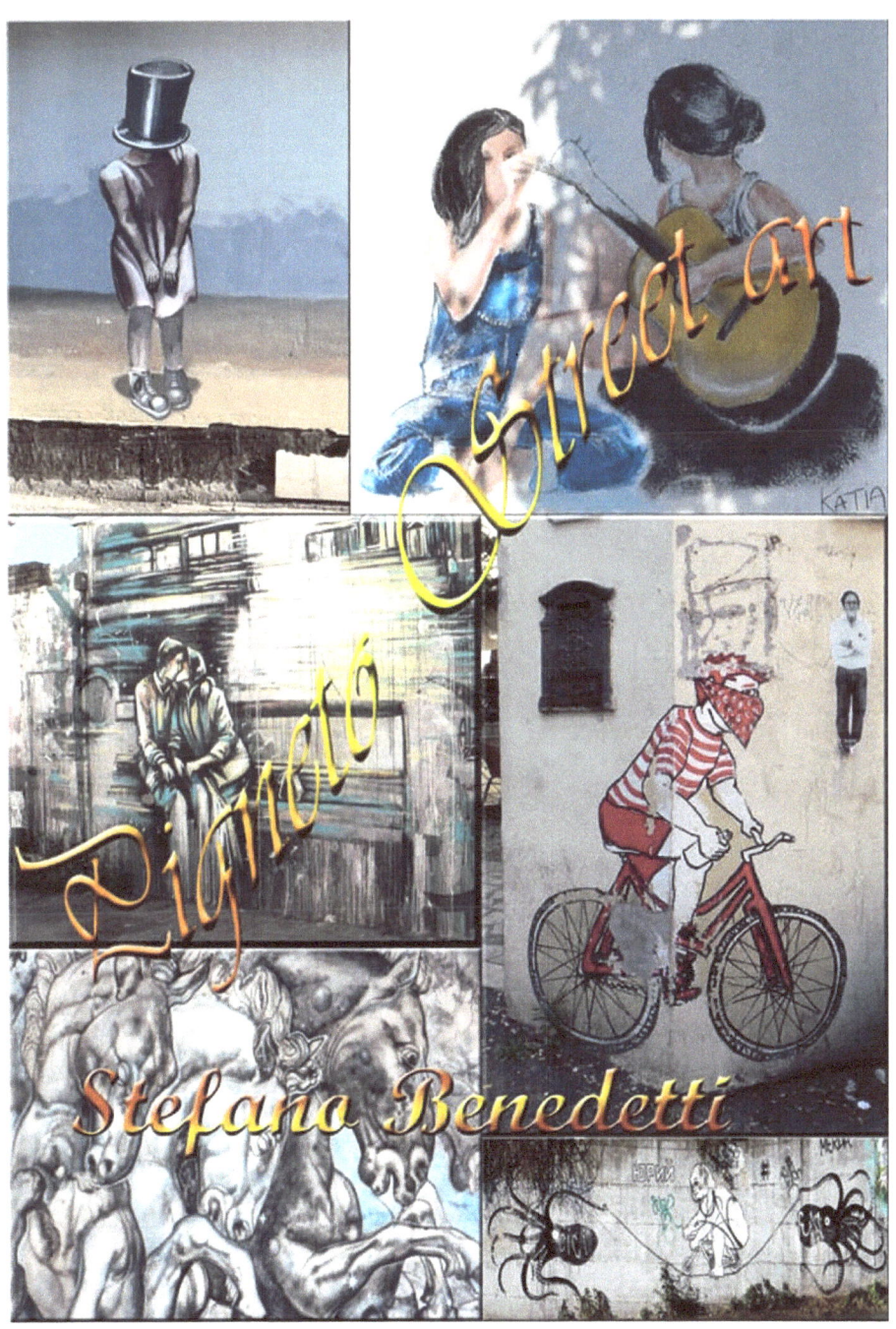